"十四五"职业教育国家规划教材

创新创业教育新形态系列教材

创新小白实操手册

吴 隽 李葆文 陈树秋 李文俊 邓白君 王丽娜

赵旖旎 熊雅君 潘婧璇 刘 鲲 王 蕾

编著

机械工业出版社
CHINA MACHINE PRESS

图书在版编目（CIP）数据

创新小白实操手册 / 吴隽等编著 . 一北京：机械工业出版社，2020.5（2024.8 重印）
创新创业教育新形态系列教材
ISBN 978-7-111-65053-9

Ⅰ.①创… Ⅱ.①吴… Ⅲ.①职业选择—手册 Ⅳ.① C913.2-62

中国版本图书馆 CIP 数据核字（2020）第 041582 号

机械工业出版社（北京市百万庄大街 22 号　邮政编码 100037）
策划编辑：赵志鹏　责任编辑：赵志鹏　徐梦然
版式设计：马精明　封面设计：鞠　杨
插画设计：马明赫　张嘉敏
责任校对：张玉静　责任印制：单爱军

北京中科印刷有限公司印刷
2024 年 8 月第 1 版第 18 次印刷
260mm × 184mm · 14.25 印张 · 349 千字
标准书号：ISBN 978-7-111-65053-9
定价：60.00 元

电话服务　　　　　网络服务
客服电话：010-88361066　机工官网：http://www.cmpbook.com
　　　　　010-88379833　机工官博：http://weibo.com/cmp1952
　　　　　010-68326294　金　书　网：www.golden-book.com
封底无防伪标均为盗版　机工教育服务网：www.cmpedu.com

本书基于创新思维开发与创新活动组织的过程机制，根据编者提出的简单易用的 PIRT 创新方法论，引导学生开展创新活动。按照书中的内容安排，跟随相关步骤，学生即可完成一次完整的创新体验并获得创新成果。本书具有适应面广、形式新颖、逻辑清晰、可操作性强等优点。书中展示了创新从创意到落地的全过程：从让读者相信人人皆可创新起步，引导读者发现痛点，选择创新方法，撰写专利申请，设计商业模式，通过组建团队和获取资源为创新活动创造条件，然后推动创新项目进入最简可行产品测试阶段，若通过测试则可推进落地实施。

本书对学生的基础知识和学科背景没有要求，既可以作为高职院校创新创业通识课的教材，也可作为有志于创业的社会各界人士学习的辅导读物。

本书配套有电子教案、电子课件和相关知识点的微课视频，并在超星学习通上建有教学示范包，方便老师一键建课。

关于"十四五"职业教育国家规划教材的出版说明

为贯彻落实《中共中央关于认真学习宣传贯彻党的二十大精神的决定》《习近平新时代中国特色社会主义思想进课程教材指南》《职业院校教材管理办法》等文件精神，机械工业出版社与教材编写团队一道，认真执行思政内容进教材、进课堂、进头脑要求，尊重教育规律，遵循学科特点，对教材内容进行了更新，着力落实以下要求：

1. 提升教材铸魂育人功能，培育、践行社会主义核心价值观，教育引导学生树立共产主义远大理想和中国特色社会主义共同理想，坚定"四个自信"，厚植爱国主义情怀，把爱国情、强国志、报国行自觉融入建设社会主义现代化强国、实现中华民族伟大复兴的奋斗之中。同时，弘扬中华优秀传统文化，深入开展宪法法治教育。

2. 注重科学思维方法训练和科学伦理教育，培养学生探索未知、追求真理、勇攀科学高峰的责任感和使命感；强化学生工程伦理教育，培养学生精益求精的大国工匠精神，激发学生科技报国的家国情怀和使命担当。加快构建中国特色哲学社会科学学科体系、学术体系、话语体系。帮助学生了解相关专业和行业领域的国家战略、法律法规和相关政策，引导学生深入社会实践、关注现实问题，培育学生经世济民、诚信服务、德法兼修的职业素养。

3. 教育引导学生深刻理解并自觉实践各行业的职业精神、职业规范，增强职业责任感，培养遵纪守法、爱岗敬业、无私奉献、诚实守信、公道办事、开拓创新的职业品格和行为习惯。

在此基础上，及时更新教材知识内容，体现产业发展的新技术、新工艺、新规范、新标准。加强教材数字化建设，丰富配套资源，形成可听、可视、可练、可互动的融媒体教材。

教材建设需要各方的共同努力，也欢迎相关教材使用院校的师生及时反馈意见和建议，我们将认真组织力量进行研究，在后续重印及再版时吸纳改进，不断推动高质量教材出版。

机械工业出版社

前言

Preface

创业创新是人类文明进步的永恒引擎，是以顽强的生命力根植于每个人心中的"种子"。促进发展，不仅要解放社会生产力，还要解放社会创造力。从历史上来看，中华文明兴盛五千多年，源于中国人自强不息、勇于创新的内在精神品质。从时代发展来看，中国经济发展现已进入新常态。因此，我们要想在新技术革命和产业转型的新格局中占据主动，就必须依靠创新，走转变发展方式、提高质量、提高效率、升级换代的发展道路。

2014 年，李克强总理提出"大众创业、万众创新"，并号召高校要为社会培养具有创业意识、创新精神的新一代年轻人。从各类纲领性文件的出台，各级创新创业示范校评比，创新创业必修课全面铺开，中国国际"互联网 +"大学生创新创业大赛成为吸引全世界百国千校、一千多万名学子积极参与的双创实践盛会，我国高校轰轰烈烈地掀起了创新创业教育浪潮。2022 年 10 月 16 日，习近平在中国共产党第二十次全国代表大会上的报告中，将"实现高水平科技自立自强，进入创新型国家前列"列入到二〇三五年我国发展的总体目标。这意味着创新人才的培养变得愈加重要和紧迫。

在这个大背景下，本书的主创团队也投身到了创新创业教育的队伍中。这些年，我们常常听到一些质疑的声音：

"我毕业以后没打算创业，为什么非要我学创新创业？"

"很多成功的企业家读书都不多。有没有创新精神，肯定是天生的。"

"你们是不是因为就业形势不好才叫我们创业的？"

"高校的创新创业教育，其实是在教学生什么？"

"创新创业可以教吗？创新创业怎么教？"

实话说，我们迷茫过、疑惑过，过去的我们，确实没能太好地回答这些问题。时过境迁，在持续不断的努力探索之下，我想我们现在可以很肯定地给出答案。

创造力，是先天决定的吗？

创新，只能依赖灵光闪现吗？

创业，关键是靠敢闯敢拼吗？

事实上，个体的创造力除了先天个体因素以外，还受到很多因素的影响，是可以在后天被激发或被提升的。成就动机、外部的支持条件、创新氛围等，都可能激发个体的创造力。

我们认真地观察了华为、美的等创新型企业的新产品开发，发现创新成果并非源自工程师的灵光乍现，而是源自创新方法论指导下有步骤、有技巧的系列活动。我们对比了 20 世纪末和当前的企业家们，发现成功创业者的学历背景发生了极大的变化。从前常开玩笑称辍学才能创业，而现在许多成功创业者都拥有非常好的教育背景。

回顾近 20 年以来关于创新和创业的理论发展，Sarasvathy 教授提出的效果推理（Effectuation）理论、Baker 教授提出的资源组拼（Bricolage）理论、阿奇舒勒教授提出的 TRIZ 理论等，都对创新创业活动有着深远的影响。创新和创业，都需要学习。不论是开展狭义的还是广义的创新创业活动，只有在恰当的方法论指导下，才能事半功倍。

为了帮助学生顺利完成创新体验并使创意变成现实，我们开发了简单易用的 PIRT 创新方法论。在此基础上，我们编写了这套教材：一本是《创新小白实操手册》，面向理工科学生；另一本是《创业小白实操手册》，面向文科及艺术类学生。PIRT 创新方法论，包含发现问题（Problem Discovery）、创新方法（Innovating Method）、创造条件（Resource Accessing）及测试实施（Testing and Executing）四步流程。第一步是发现问题，在书中我们要求学生寻找生活中未被解决的痛点与需求。许多人认为自己没有创新精神，往往是由于缺乏批判性思考的训练，常常陷于思维定式，对于工作生活中的种种不便习惯了逆来顺受。因此，痛点的寻找，对学生来说是一次非常难得的思维训练，可锻炼他们发现问题的能力。第二步是创新方法，启发学生创新地寻找解决方案，而不要满足于现有的解决方案；并设计可盈利的商业模式，至少保障项目具有可持续发展潜力。第三步是创造条件，包括团队组建与资源获取，可帮助学生思考如何在资源匮乏的情况下最大化利用资源。第四步是测试实施，包括最简可行产品测试等内容，不盲目推动项目实施，而是通过各种方法控制风险，确定了可行性，再推动创新想法落地实施。这四步既体现了基于创新的创业活动的全过程，也体现了发现问题 — 解决问题的全过程。

实践证明，学生的创新精神与创业意识不是在知识的灌输中"教"出来的，而是在一次又一次的实践及其反馈中培育出来的。创新方法论为学生开展创新活动提供了工具，创新成就感的正向反馈为学生再次创新提供了力量源泉。2017 年至今，PIRT 创新方法论已让数以万计的学生受惠，更孵化出中国"互联网＋"大学生创新创业大赛国赛金奖项目。PIRT 创新创业师资培训走进了全国十余所高校，获得参训老师们的一致好评。

本书的编写本身也是一次创新的过程。本书集合了多位创新创业领域一线教师的教学思考，原创了许多可以帮助学生迅速实现创新想法的工具。在"商业模式"这一部分中，我们对商业模式画布进行了可视化改造，并将其命名为"价值创造系统画布"。在商业计划书这一部分，我们总结了常见的表达，以填空的方式为学生提供指引。

全书共分为 8 章，吴隽编写第 1、2、8 章，李葆文、陈树秋与吴隽共同编写第 3 章，李文俊编写第 4 章，陈树秋与刘鲲编写第 5 章，邓白君与吴隽编写第 6 章，潘婧璇、王蕾、赵旖旎、王丽娜、熊雅君与吴隽编写第 7 章。

由于编著者水平有限，书中疏漏之处在所难免，希望读者批评指正。

编著者

二维码索引

名称	图形	页码	名称	图形	页码	名称	图形	页码
16. 创新技巧——化整为零		62	17. 专利的价值与特征		101	18. 应该如何确定我的创新是首创的		108
19. 以一个杯子为例，说明专利如何检索与分析		110	20. 发明专利的撰写与申请流程		115	21. 实用新型专利的撰写与申请流程		115
22. 外观设计专利的撰写与申请流程		116	23. 设计股权结构容易产生的问题		143	24. 初创企业股权结构计算表		145
25. 什么是好的商业模式		161	26. 价值创造系统画布的特色		165	27. 资源是在工作任务进程中分批投入		169
28. 建立与生态伙伴的合作关系		170	29. 可视化呈现：手绘图、模型等		186	30. 绿野仙踪法情景演练		187
31. APP 原型展示		188	32. 路演视频		215			

目 录
content

content

第1章 人人都可以创新

iDror 智能农业物联网机器人 —— 农业监测新技术

我国人口众多，农业发展关系着国家发展。随着物联网、区块链技术的发展，智慧农业已成为农业发展的重要趋势，也是实现乡村振兴和农业农村现代化的关键。

来自扬州大学农学院的博士生姚照，多年跟随导师在农业智能化科技创新发展领域进行研究。在掌握足够的理论基础及取得一定的科研成果后，姚照找到几位志同道合的小伙伴共同创建了一家农业智能化科技公司。经过几年的技术研发、产品打磨、实地试验，"iDror智能农业物联网机器人"终于在2018年诞生了。这是一款集多种农业传感器于一身的农业检测用机器人。该机器人在2018年江苏省第四届"互联网+"大学生创新创业大赛及第四届"协鑫杯"国际大学生绿色能源科技创新创业大赛亮相，取得非常优异的成绩，同时于2019年得到了扬州市天使梦想基金20万元资助。

扬州大学农学院院长严长杰曾表示："科技创新不能仅仅'躺'在论文、实验室里，而应该努力将其转化为生产力服务'三农'，这也是我们一直秉持的教育理念——在产学研结合中坚持实践育人，让更多的学生既提升科研学习能力，也重视社会服务能力。"姚照以及他的团队正践行着院长的这番话。

iDror机器人解决农民最实际的问题

目前，我国大部分农业企业、科研单位仍旧采用传统的人工方法进行农田信息获取，耗时又耗工。部分地区虽然安装了农业物联网设备，但因性能差、成本高，并未能得到广泛推行。iDror智能农业物联网机器人的出现大大改变了这一状况，帮助农民解决最实际的问题。农户使用该机器人，可以实现足不出户，利用手机、平板或者计算机远程控制，轻松、快捷且准确地获取田间数据，实时生成防治方案，大大提高了种植效率。"这个'小家伙'在田里转一圈测一测，就能告诉我们土壤墒情信息，还能提供进一步决策方案，让我们既知道了'病情'，又能'对症下方'，非常实用。"这是农户对iDror机器人的使用评价。

姚照的公司目前正与十多家农业企业、科研单位进行协商合作，并准备与当地的农业科学研究所共同建立首批iDror智能农业物联网机器人示范基地，用于技术开发及科研人员、农业企业家等交流参观。该技术已申请了2项国家专利、6项软件著作权。该技术的相关学术论文已在《精准农业》（Precision Agriculture）等国际学术期刊发表。

启发案例

1.1 我们身边的创新现象

手持洗碗机 —— 完美解放你的双手

Dish Washing Droid 手持洗碗机，这项来自东亚国家的小发明，解放了厌倦洗碗的家庭主妇的双手。不用浪费很多时间，它几乎可以一键洗净家里的所有餐具。你只需把碗碟在夹子中间固定好，放在水龙头下，按下按钮，即可顺时针旋转清洗餐具。同时，该手持洗碗机还会自动添加洗洁精，几秒钟便洗干净一个碟子。它的中心是用交叉刷子做成的，能把叉子、勺子和筷子都洗干净。手持洗碗机重量为650g，一人单手便可拿起，由电池供电，充满电最多能用1小时。这种效率高，还不伤手的洗碗机，真是居家必备"神器"呀！

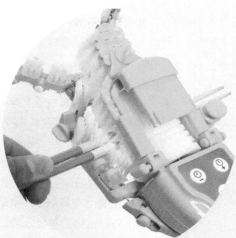

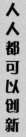

第1季 人人都可以创新

刷子鞋 —— 让淋浴更舒适

人在湿滑的浴室里弯腰洗脚实在太困难了！而这项发明，能让人们的淋浴生活变得更容易。它像是一只奇怪的鞋子，但其实是一把刷子。它能固定在淋浴地板上或浴缸的侧面，仅需添加一些沐浴露或肥皂，并把脚放进去。轻柔的刷子，能确保从各个方向有效清洁每只脚。脚后跟区域的磨脚石，还能给脚后跟去死皮，用完之后可以拿下来。是不是很棒的设计？而这个神奇的发明，在互联网上购买只需要10元钱。

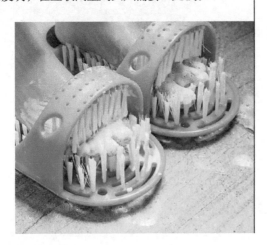

"萌宠"盆栽 —— 让生活更多彩

如果你觉得养一只狗或者猫比较麻烦，为何不养一株植物作为宠物呢？欧洲设计师 Vivien Muller 带领团队发明了一款名叫"Lua"的智能花盆，让人能读懂植物的"心情"。

花盆是如何轻松读懂植物的"心情"的？其实花盆无非就是分辨出"水太多""太晒了""有虫子"等一些简单的种植情况。Lua花盆使用传感器来识别周围物体的运动，并"观察"正在发生的事情。花盆上的屏幕可以显示15种植物的不同"情绪"，通过这些"表情"，主人就可以很直观地了解到植物此时此刻的"感觉"。Lua花盆有一个储水系统，使你不用一直惦记着浇水。它还能控制土壤湿度、温度和光照。

在手机装上专属APP，如果植物需要更多的水或光，它会及时通知你。APP中还包含了各种植物的种植方法，能让你的小苗苗壮成长。让人轻松读懂植物的"语言"，让你养花就像养宠物一样轻松有趣。

智能垃圾桶 —— 让扔垃圾不再麻烦

　　每天清理垃圾是生活中最令人烦恼的事情之一。Townew智能垃圾桶是一项实用的发明，旨在使人们减少与垃圾的接触，令生活更轻松。首先，它有自感应的俏皮盖子，如果你想要扔垃圾，只需要手在垃圾桶的感应范围内出现，盖子就能自动打开，一旦垃圾入桶，盖子会自动盖上，防止不愉快的气味扩散。你不用手动装新袋子，制造商提供了一个会自动打开并铺展垃圾袋的特殊盘头。该设备还能自动监控垃圾桶是否已经装满了，把垃圾袋自动打包，不会泄露出来，并用手机通知你。这么智能的垃圾桶解决了很多人的大烦恼！

电动摇椅 —— 给宝宝如妈妈般的呵护

　　在家里哄孩子睡觉可不是件容易的事情，任何一对父母都深有体会。为了让孩子安静下来，帮助他们入睡，父母会把大量的精力都集中在这个过程上——摇晃婴儿几分钟甚至几小时。Mamaroo电动摇椅便是为"偷懒"的父母们设计的。美国一家公司发明了这种电动摇椅，它可以完全解放使用者的双手。与其他类似的椅子不同，Mamaroo并不只是简单地摇晃孩子，而是模拟妈妈的摇晃动作，尽量做到无差别设计，让宝宝更易入睡，有效节约了父母们的时间。这款椅子有五种不同的工作模式，能为宝宝设置理想的配置。它还可以播放让人轻松的声音，如风声和海浪声。

应用练习

创新小白实操手册

那些改变人们生活的创新发明，既能给生活增添一抹亮色，又能给繁忙的工作带去些许安慰。思考一下，在平时生活中还遇到过哪些让你的生活更加舒适的创新案例？请举出几个例子，并与同学交流一下，看看谁提出的创新产品更受大家欢迎。

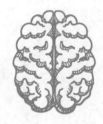

知识介绍

1.2 什么是创新

在《现代汉语词典 第7版》中，创新被定义为"抛开旧的，创造新的"。

创新起源于拉丁语，是人们为了发展的需要，运用已知的信息，不断突破常规，发现或产生某种新颖的、独特的并且有社会价值或个人价值的新事物、新思想的活动。

创新一词，最早由奥地利学者熊彼特于1912年在《经济发展理论》一书中提出，又在《经济周期》一书中加以运用和发挥，形成了以"创新理论"为基础的独特的理论体系。"创新理论"的最大特色，就是强调生产技术的革新和生产方法的变革在经济发展过程中的至高无上的作用。

熊彼特进一步明确指出"创新"的五种情况：

- 采用一种新的产品，也就是消费者还不熟悉的产品，或一种产品的一种新的特性。
- 采用一种新的生产方法，也就是在有关的制造部门中尚未通过经验检定的方法，这种新的方法决不需要建立在科学上新的发现的基础之上，而且，也可以存在于商业上处理一种产品的新的方式之中。
- 开辟一个新的市场，也就是以前不曾进入的市场，不管这个市场以前是否存在过。
- 掠取或控制原材料或半成品的一种新的供应来源，无论这种来源是已经存在的，还是第一次创造出来的。
- 实现任何一种工业的新的组织，如造成或打破一种垄断地位。

上述五种情况可归纳为"创新"的五种情况，依次对应产品创新、技术创新、市场创新、资源配置创新和组织创新。

第1章 人人都可以创新

知识介绍

创新 = 新颖 + 有用 + 可行

新颖

新颖并不意味着创新一定是像相对论那样的，具有革命意义的理论成果。实际上，大部分的创新是在某个较小的范围里，用新颖的思考方式，通过前人未经留意的视角来观察和解决问题。这种新颖的思考方式很可能是从其他领域学习的。这样的创新离人们的生活更近，其价值同样不可低估。

有用

"需求是创新之母"，大部分了不起的创新都是来自于实际需求。这就需要具有"以用户为中心"的设计概念，即站在用户的角度去思考问题。例如，人们对短距离交通的需求催生了共享单车；人们在给婴儿喂食的时候需要频繁试温度，于是设计师便设计了"感温奶瓶"。松下面包机，正是在日本妇女开始出外工作，没有时间做早餐，而丈夫们却依然希望有新鲜早餐这样的"需求"之下创新出来的。因此，灵感往往取决于人们了解实际需求的程度。

可行

任何创新都要考虑在现有条件下的可行性。如果利用了所有可以利用的资源、条件，仍然无法让某个创新成为现实，那么，再新颖、美妙的想法，也只能是"空中楼阁"。例如，使充电宝保持外形的小巧，但又想让其可以驱动笔记本计算机，这种想法有些不切实际，当前技术无法解决。

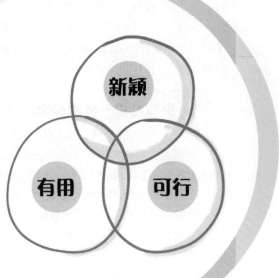

创新小白实操手册

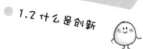

知识介绍

企业创新活动的四种类型

科学研究型创新

科学研究型创新是指企业和学术研究人员合作，通过研究成果的商业转化，获取商业价值。生物、医药、电子等行业均为高度依赖科学研究型创新的行业。

例如，2017年阿里巴巴宣布成立一家研究院，致力于探索科技未知，由全球建设的自主研究中心、与高校和研究机构建立的联合实验室和全球开放研究项目等部分组成，主要进行基础科学和颠覆式技术创新研究。研究领域包括量子计算、机器学习、基础算法、网络安全、视觉计算、自然语言处理、人机自然交互、芯片技术、传感器技术、嵌入式系统等。

效率驱动型创新

效率驱动型创新是指通过改进流程来降低成本、缩短生产时间、提高产品质量，即通过对现有生产流程的梳理、完善和改进，在质量、成本、速度、服务等效率评价指标上取得新的突破。我国制造业领域的企业生产流程优化仍然存在巨大的提高空间，信息化和工业化的深度融合是企业优化生产流程、提高效率的不二之选。企业可借助"互联网+"，推动大数据、云计算、物联网等在企业的深入应用，通过人机智能交互、工业机器人、智能管控等技术和装备，促进企业生产过程精准化、柔性化和敏捷化，实现提质增效、创新发展。

企业创新活动的四种类型
—— 麦肯锡全球研究院

客户中心型创新

客户中心型创新是指通过产品、服务或业务模式上的进步来解决消费者的问题。此类创新主要来源于消费者洞察，找出消费者未被满足的需求，针对性地开发新的产品、服务与业务模式，然后依据市场反馈不断进行修改和更新。美团、共享单车、盒马鲜生为代表的新零售等企业创新均来自此类创新。

例如，以年轻女性群体作为核心用户的美图公司，通过对用户行为和心理的深入洞察，以"让更多人变美"为使命，希望"成为全球最懂美的科技公司"，创造了美图秀秀、美颜相机、美拍、美妆相机、海报工厂、美图手机等互联网和智能硬件产品。通过消费者洞察，美图的产品创新正从"让用户看起来美"向"真正让用户变美"转变。

工程技术型创新

工程技术型创新是指整合、吸收供应商和合作伙伴的技术，设计开发新产品。工程技术型创新来源于企业自身的知识储备，以及供应商和技术合作伙伴，是科研与实践技艺的结合，通常需要专利保护。

工程技术型创新体现了"自主创新+协同创新"的特点。企业在自主创新的基础上，利用外部主体的知识和资源协同创新，从而提高创新效率、降低创新成本。知识产权保护是工程技术型创新的核心，是企业将工程技术转化为商业价值的重要前提。

第1章 人人都可以创新

启发案例

1.3 为何要创新

婴儿保温箱的发展历史

　　早产是19世纪导致婴儿高死亡率的重要原因，那时的早产儿几乎没有多少生存的机会，孩子死亡的原因常是体温过低。在婴儿保温箱发明之前，医职人员只能将早产婴儿放入铺满柔软羽毛或者毛毯的大型玻璃罐中。

　　1880年，妇产科医生纳塔尔从孵化小鸡的保温箱那里获得灵感，发明了第一代的婴儿保温箱。最初的婴儿保温箱设计非常简单，只是将两个特制的箱子叠放在一起，上面的箱子放置婴儿，下面的箱子加热保温。这样，既可以为上面的箱子提供热量，又不至于因过量烘烤而伤害到婴儿娇嫩的皮肤。考虑到箱子的透气性，纳塔尔还在上面箱子的顶面钻了一些小孔。虽然看上去只是两只不起眼的箱子，叠合在一起，却成为早产儿们救命的避风港。

　　21世纪初，婴儿保温箱已经普及到全球各地，但价格昂贵，而且出现故障后难以维修。2007年前后，为解决贫困地区的婴儿保温箱故障率太高的问题，美国麻省理工学院教授普莱斯帝洛和来自于美国波士顿的罗森医生，用汽车零部件组装了一种简易式的婴儿保温箱，让绝大部分地区都可以就地取材买到合适的零配件，并很轻松地完成维修工作，让婴儿保温箱惠及了更多的婴儿。

　　2010年，一位美国斯坦福大学的学生Jane Chen，走访印度和尼泊尔的偏乡调查后，发现村落里的人需要花上好几个小时才能到达城市里的医院，即使往这边的医院捐献更多的婴儿保温箱，也无法解决新生儿夭折的问题。为此，Jane团队发明了石蜡基保温睡袋，可携带、容易操作、又完全不需要电力，却能满足新生儿保温需求，且价格为婴儿保温箱的百分之一，拯救了数十万名早产儿的生命。

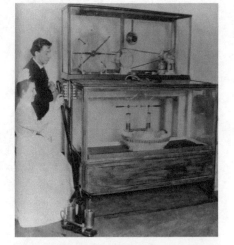

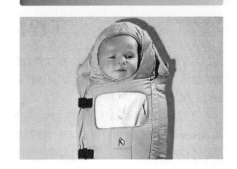

知识介绍

不停歇的发明创造推动了人类进步

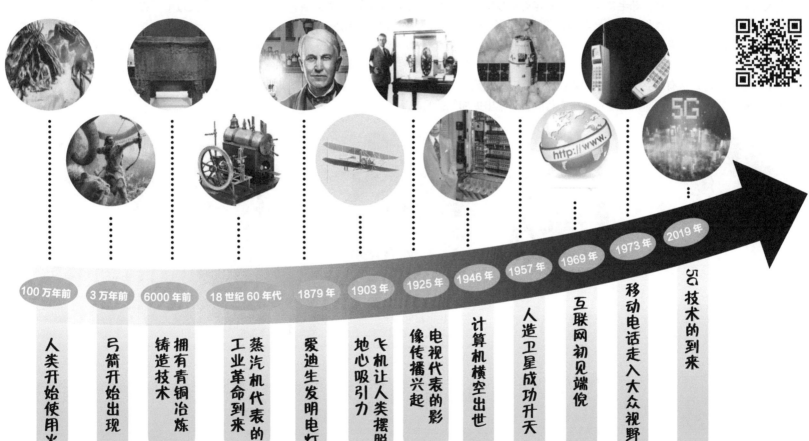

100万年前	3万年前	6000年前	18世纪60年代	1879年	1903年	1925年	1946年	1957年	1969年	1973年	2019年
人类开始使用火	弓箭开始出现	拥有青铜冶炼铸造技术	蒸汽机代表的工业革命到来	爱迪生发明电灯	飞机让人类摆脱地心吸引力	电视代表的影像传播兴起	计算机横空出世	人造卫星成功升天	互联网初见端倪	移动电话走入大众视野	5G技术的到来

创新，让生活更美好

火的发明，让人类告别了茹毛饮血的生活；电灯的发明，让人类的黑夜变得不再漫长。各种大小创新，让人类过上了更好的生活。

以耳机的发明与改进过程为例。最早有记载的耳机诞生于1881年，那时候的耳机由一个支架、接收器和听筒组成，像是一个大型的听诊器，供电话接线员使用。他们将耳机架在脖子上，用听筒罩住耳朵，将接收器对准嘴巴，与客户进行交流，在解放双手用于处理其他事务的同时，也避免了在同一办公室内接线员的声音相互干扰。当时这耳机重达十斤，硬邦邦的支架和听筒让使用者非常不舒服，同时给他们的肩膀造成严重损伤。

从笨重到小巧，从有线到无线，从昂贵到便宜，从军用到民用，从头戴式到入耳式，耳机的进化之路还没有停止。现如今，耳机厂商们还在从功能、音质、外观等各种方面不断地对耳机进行改进，推出更加先进的产品。

1895年，人类发明第一个民用耳机，与1881重达五千克的耳机相比有了巨大改进。

更轻便舒适

1958年，高斯生产出第一个立体声耳机。出色的环绕立体声让耳机音质迎来了新飞跃。

音质更好

20世纪80年代，入耳式耳机开始流行，耳机开始变得轻便，但是戴久了很容易出现耳朵疼的情况。

更轻便舒适

2000年，Bose公司推出降噪耳机。降噪技术最初应用于飞行员所使用的耳机。降噪耳机可以隔绝外界的声音，给人带来超凡的音质享受。

音质更好

2016年，苹果公司推出无线耳机Apple AirPods，将耳机带入了完全无线的时代。该耳机的外形也更小巧，入耳式的设计更令人舒适。

更轻便舒适

知识介绍

创新，让工作效率更高

千百年来，人类对各种生产工具进行了无数次的创新，让各种工作的效率不断提升。以农耕领域为例。农耕让人类开始了定居生活。但农耕的劳作很辛苦。新的生产工具的出现，逐渐让农耕劳作变得轻松、高效。

1794年，轧棉机被发明出来。轧棉机能够快速把棉花纤维和棉花种子分离。当年，一台机器每天可以生产二十多公斤干净的棉花，相当于一个人工作上百小时。该发明使棉花行业发生了革命性的变化。

1827年，割草机诞生，代替了镰刀。

1834年，收割机诞生，并在后续一百年持续地改进功能，至今已成为农业不可或缺的设备。

1918年，第一台商用挤奶机诞生，代替了每天要手动挤奶的人们。

1979年，剪羊毛机诞生，代替了剪羊毛的人们。

2012年，生菜机器人Lettuce Bot诞生，除了种菜，还能够除去生菜土地里多余的种子。

2012年，Wall-Ye机器人诞生，该机器人能够收集土壤健康状况和葡萄库存的数据，同时完成剪除或者栽培葡萄藤的工作。

2013年，采摘草莓的机器人诞生，它可以通过拍摄草莓的颜色，判断草莓的成熟程度，并且采摘已熟的草莓。

2018年，除草机器人BoniRob诞生，它拥有一套叫作"Decision Tree Learning"的学习机制，可以在学习后判断哪些是需要去除的杂草而哪些是必须留下的幼苗。

全自动麦子收割机，集传统收割机和打麦机、打稻机的功能于一身。

各式各样的摘水果机器人，一台机器可以代替十几个工人的工作量。

葡萄园机器人Wall-Ye，它可以取代绝大部分工人的工作，如监测土壤、施肥、修剪枝蔓、去除嫩芽等。

放牧机器人，拥有先进的感应系统及全球定位系统，能自动检测牛群的运动速度并驱赶它们移动。

知识介绍

创新是国家竞争优势的基础

习近平总书记在中国共产党第二十次全国代表大会上的报告中指出，到二〇三五年，我国发展的总体目标是之一是实现高水平科技自立自强，进入创新型国家前列。

近十年来，我国科技实力正在从量的积累迈向质的飞跃、从点的突破迈向系统能力提升，科技创新取得新的历史性成就。

——基础研究和原始创新取得重要进展。如"嫦娥五号"实现地外天体采样返回，"天问一号"开启火星探测，"慧眼号"直接测量到迄今宇宙最强磁场，新一代"人造太阳"首次放电，62比特可编程超导量子计算原型机"祖冲之号"成功问世。

——战略高技术领域取得新跨越。如北斗卫星导航系统全面开通，中国空间站天和核心舱成功发射，"长征五号"遥三运载火箭成功发射，"神威·太湖之光"超级计算机首次实现千万核并行第一性原理计算模拟，"天鲲号"首次试航成功。"国和一号"和"华龙一号"三代核电技术取得新突破。

——高端产业取得新突破。C919大飞机准备运营，时速600公里高速磁浮试验样车成功试跑，最大直径盾构机顺利始发。北京大兴国际机场正式投运，港珠澳大桥开通营运。

打造创新驱动新引擎，需要大量创新型人才

培养创新型人才是国家、民族长远发展的大计。创新是科技自立自强的根本，教育和人才是创新的源泉，而教育是培养创新型人才的基础。随着国家创新体系的建设，国家实验室、综合创新平台的建成，需要一大批世界级高水平人才。但要把我国建设成为创新型国家，不仅仅是需要世界级高水平人才，而是各行各业、方方面面都需要创新型人才。大到火星探测，小到一个垃圾桶的化工原料创新，均需要创新型人才。我们既需要顶尖的科学家，更需要能解决产业问题的大量卓越工程师、大国工匠、高技能人才。

1.4 创新思维培育与 PIRT 创新方法论

创新存在于人们生活中的方方面面。神舟飞船上月球是创新，改造一个垃圾桶同样也是创新。创新并不一定需要天才。创新只在于找出新的改进办法，并由此创造价值。

知识介绍

人人可创、处处能创

创新思维，是指以新颖独创的方法解决问题的思维过程，通过这种思维，能突破常规思维的界限，以超常规甚至反常规的方法、视角去思考问题、看待问题，提出与众不同的解决方案，从而产生新颖的、独到的、有社会意义的思维成果。

许多人觉得自己不会创新，一方面是因为习惯了思维定式，缺乏批判性思考的训练；另一方面是并未从创新中尝到甜头，缺乏创新意识和创新欲望。我们每个人都带着一种习惯模式或定势思维来看世界，有时候这个模式与外界事物的本质和规律正好近似，那么我们可以很快对这个事物做出正确判断，但是当我们的心智模式与事物本质或规律不相吻合的时候，就会妨碍我们产生新的思维，成了心智枷锁。

创新思维可以通过后天训练来开发，每个人都可以具有创新思维。

事实上，许多地方都需要创新，即使以后我们步入职场，在工作岗位上亦可以对工作方法、流程、技术等各个方面进行创新的尝试。

创新行为是一种产生新成果的多阶段"过程"。这个过程，并非某人拍脑袋去捕捉一闪而过的离奇想法，而是在一套科学完整的方法论指导下完成的创新活动的全过程。

当一个人不断训练自己打开心智枷锁，开启创新思维，再遵循创新方法论的过程去执行整个创新活动，他一定会得到有意义的创新产出。

我们坚信，在恰当的方法论指导之下，人人都可以创新。

打开心智枷锁，开启创新思维

拍脑袋想出的离奇想法并不是创新思维

智商不是决定创新思维的唯一因素

创新思维可以通过后天训练来开发

创新思维没有性别、年龄的差异

每个人都可以具有创新思维

第 1 卷

人人都可以创新

分析工具

创新想法的提出与实施：PIRT创新方法论

P 发现问题是一切的基础。缺乏主动发现不足的意识，或缺乏敏锐的观察力，创新就无从谈起。因此，本书第二章将通过各种启发工具，带领读者一起寻找痛点和需求，探寻其背后的根本原因，练就一双"看到"痛点的慧眼。

P 发现问题
Problem Discovery

I 创新并非聪明人的灵光乍现或者全靠拍脑袋想出来的主意。创新可遵循一定的步骤与方法。本书带领读者一起探寻创新方法（第三章），并联合李葆文教授，呈现36个具体的创新方法，供读者在创新过程中使用。

I 创新方法
Innovating Method

PIRT 创新方法论

创新是为了解决问题，或者更好地解决问题。因此，本书根据"发现问题 — 解决问题"的内在逻辑，提出PIRT创新方法论，读者跟着本书一步步学习，便能完成一个创新项目的提出与实施，并在此过程中体会创新思维是如何被启发的，以及创新想法是如何落地的。

R 成功地实施一项创新尝试，也需要学会开拓资源并创造性地利用资源，不要因为暂时性的困难而却步。学会为创新计划创造条件，是确保创新成功的重要环节。

R 创造条件
Resource Accessing

T 把解决方案完整、有逻辑性地呈现，并进行测试与改进，最终完成"发现问题 — 解决问题"的全过程。

T 验证执行
Testing&Executing

1.4 创新思维培育与 PIRT 创新方法论

创新能力的提升路径

集成创新

创新项目的进一步拓展

依然聚焦生活所需，集成多种创新技术和想法，完成一个较复杂的创新产品开发。

例如，自动泡茶机器人、糖画DIY机器人、蛋糕制作机器人、助老助残机器人，需要集成机器视觉、语音识别等多种技术来完成一项工作。而上述作品，都是出自高等职业院校学生之手。

集成多种创新，解决产业难题

集成多种技术创新，甚至包括流程、制度、商业模式的创新，共同解决产业难题。

例如，第五届"互联网+"创新创业大赛国赛金奖项目"智能点胶机器人"，集成了机械结构创新、算法创新和工艺创新，可帮助LED透镜贴装厂商，把定位编程单次作业面积提升484倍，总体提升50%的生产效率，并降低40%的成本。

生活日常

专业领域

创新思维的起步训练

用创新的思维解决生活中的痛点，需要有创新思维，但对技术要求较低。

某学校学生在上创新创业启蒙课时，想出来的种种解决生活痛点的产品，例如可以解决头发出油的梳子、能搜集女生宿舍地板上散落长发的拖鞋，溺水时能报警并迅速解救溺水者的手环，能快速把西瓜切成小方块的工具等。

专创融合的创新训练

以"专业技术+创新思维"的结合，创新性地解决专业领域内的技术问题。

例如，持续在3D打印这个领域学习与研究，对3D打印头进行持续研发改进，能让3D打印设备更稳定、精度更高、速度更快等。又如，研发出更环保的装修材料，更高效的半导体材料、更结实的布料等。

单一创新

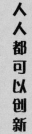

第 1 卷

人人都可以创新

● 在3分钟以内，用发散思维尽可能多地写出玻璃杯的新用途（20个以上）。

....
....
....
....
....
....
....
....
....
....
....
....

● 设计一系列让年轻夫妇爱上做饭的厨具。

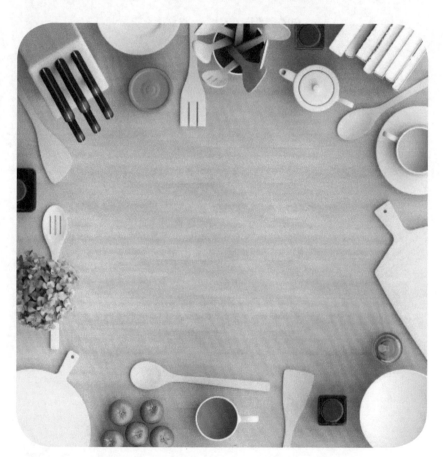

第②章 痛点（需求）发现

用创新帮助弱者：助老助残爬楼梯机器人

　　科学技术发展日新月异，但大量的技术还没有在商业上得到应用。现如今，社会中还有很多难题没有得到解决。如果能够通过创新活动来解决社会难题，这样的创新活动就更有价值。

　　例如，图中所示的助老助残爬楼梯机器人便是为了解决老弱病残人士上下楼梯的困难而生。其外形像一台购物车，但是能够搬运100公斤的货物，大大节省了人力消耗。当电动载物爬楼机进行下楼运动时，通过车架上的控制开关，将工作设置在下楼档位，按动扶手上的启动按钮，电机及减速机构带动安装架做逆时针运动，安装架的运动带动爬升轮做逆时针运动。在下楼过程中，安装架的运动使得爬升轮支撑在本级台阶上，然后将整台电动载物爬楼机支撑起来，离开本级台阶面，安装架继续运动，将电动载物爬楼机整体放到更低一级台阶面上，安装架继续做逆时针运动。通过这个装置，老人或残疾人便可轻松地携重物上下楼梯。

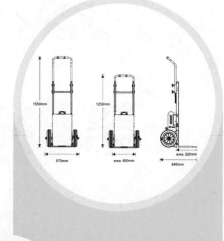

2.1 生活中的痛点

付费自习室，是真痛点还是伪痛点

在电视剧《请回答1988》中，有一幕令人印象深刻的画面：女主角成德善和她的同学们经常相约"收费自习室"自习。何为"收费自习室"呢？从电视剧中可以看到，自习室内一人一座，每个座位都配有台灯、上网接口、小书架和储物柜，格局就像大型办公场所的格子间，室内环境很暗，照明只靠每个人座位上的小台灯。所以，自习室也被网友们称作"小黑屋"。在日韩等地，收费自习室相当普遍。2011年，据《环球时报》记者报道，日本仅东京就有400余家自习室登记在册。

广州"去K书"核心创始人Robin，讲述了自己当年的经历。Robin为了圆留学读MBA的梦，一边工作一边备考，为了获得安静的复习环境，Robin特意在临近考场的北京林业大学附近，与人合租了一套社区的房子。备考的模式就是拉上窗帘，在里面不分昼夜地"刷题"。

后来，Robin在加拿大约克大学Schulich商学院攻读MBA，在一次和老师同学分享备考经历中，Robin提起备考时合租的经历，来自亚洲的其他同学说："中国大陆地区没有专业的备考场所吗？在日本、韩国等地，都有'K书中心'，办理一张会员卡就能订位复习。"2006年，Robin去我国台湾地区旅游时，还特意到当时的"K书中心"参观。渴望一方自习圣地的Robin，很早就在心里埋下了一颗种子。

2014年初，时任三星LED照明业务大中华区运营总监的Robin，在即将43岁时遭遇事业上的重大变动。Robin当机立断，决定趁机会完成多年的梦想：创业。创立"K书中心"的想法正是在那时萌生。

2014年11月24日，首家"去K书"东山体验馆在广州越秀区庙前直街16号三楼揭幕，占地250平方米，共有84个座位。K书区采用实名会员制，设计为类似影院的"黑屋"，每个会员有自己专属的格子间，桌面明亮、背景调暗，配套设施完善，配备中央空调、高速WIFI、人体工学座椅等，还提供公共休息区和"太空舱"用以小憩。

2016年底，"去K书"已有实名会员超过6000名，第一间广州东山馆店已收回投资成本。现今有5家分店在营业中，还有4家在筹建。每家门店平均营业半年开始赢利。

知识介绍

需求和痛点

需求和痛点分析：创新创业项目的起点

任何产品的存在必须要有坚实的市场基础。需求确实存在，用户愿意买单，是创新创业项目可以起步的最重要依据。

需求，指用户具有愿意通过付费来解决的问题。

痛点，指未被满足的需求。当用户在使用产品或服务的时候抱怨，让人感到不满或痛苦的环节就是痛点。

例如，当手机成为人们时刻不离手的"伙伴"后，手机电量不足便成了普遍的痛点。

体积小，容量大

SMALL SIZE, LARGE CAPACITY

充电**5**分钟，通话**2**小时。

创新小白实操手册

分析工具

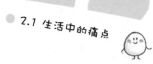

需求的分类

群体大小

发生频率低 & 涉及人群广

不频繁发生，但也是客户刚需的业务。特点是复购率低，客单价相对较高，中小企业生存空间较大。

例如：

线下培训（早期素质教育、成人教育）

母婴护理（月子中心、产后康复机构）

婚庆装修（线下商家居多）

珠宝购买（线下商家居多）

发生频率高 & 涉及人群广

多为刚需，"兵家必争之地"，通常只有大型企业是赢家。

例如：

一日三餐（大众点评、美团、饿了么）

日常购物（京东、淘宝、当当、拼多多）

出行旅行（去哪儿网）

社交通信（微信、QQ）

娱乐影音（抖音、快手、喜马拉雅、优酷视频）

日常生活（每日都要接触到的各个场景和产品）

发生频率

发生频率低 & 涉及人群窄

特定人群偶尔发生的需求。除非客单价较高，或者具有独特价值或技能，否则不建议进入。

例如：

小众的服装、文具、装饰品购买

古董交易

发生频率高 & 涉及人群窄

涉及特定人群的刚需细分市场，其实规模也不小。

例如：

一日三餐（下厨房、叮咚买菜）

特殊购物（考拉海购、返券网、得物App、寺库奢侈品）

社交通信（探探、陌陌、小红书）

日常生活（特定人群每日都要接触到的各个场景）

特殊需求（深度水解奶粉、不含麸质食物）

第 2 章

痛点（需求）发现

分析工具

从抵御恐惧到精神满足：痛点、痒点、爽点—需求三重境

精神满足

爽点
（兴奋需求）

爽点：用户的精神满足。例如，愉悦的体验、需求的即时满足等。

> 拍照 APP，拍完后自动十级美颜照片，让你更有自信

> 给游戏充值后战斗力大幅上升，迅速称霸全场

> 想买的东西半小时内就出现在你家门口

痒点
（期望需求）

痒点：潜在需求，多为感性需求，本质上是满足了用户的虚拟自我。

这个"痒"是用户心中的"欲"，不一定非得需要，也不是用户急需解决的问题。

> 买个在线健身课程，幻想不久将练出教练的身材

> （曾经）大家都买苹果手机，显得有社会地位

> 买碧桂园，因为它"给你一个五星级的家"

痛点
（基本需求）

痛点：用户未被满足的需求，且这个需求对于客户来说很重要（往往是刚需）。

刚需：在商品供求关系中受价格影响较小的需求，价格变化对需求的影响不大，再贵也要买。

> 担心上班迟到需要出租车或共享单车

> 饥肠辘辘时需要快速便捷地解决吃饭问题

> 手机电量不足，需要快充插头或充电宝解决

> 满足人际交往要求，必须有手机和通信软件

抵御恐惧

创新小白实操手册

分析工具 | 从需求层次找需求

使用扩展版的马斯洛模型来分析人的需求，每一层都有对应的需求与解决方案。

想一想：还有更多解决方案吗？

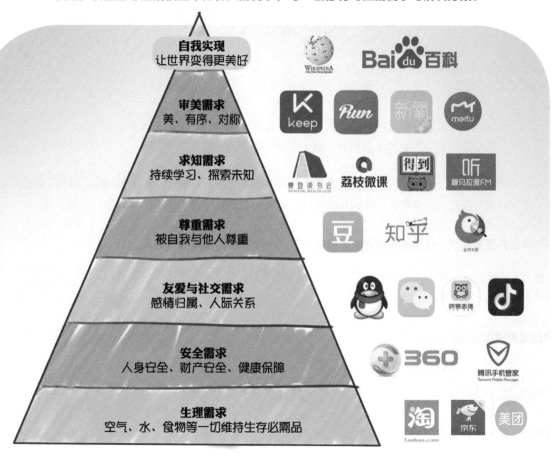

（1）每一个层次的需求，是否已经被充分满足？

（2）是否存在某些特定人群或特定的需求，还未被一般化的解决方案满足？例如，如果微信能解决一切社交问题，那为何还会有抖音、陌陌、探探和钉钉？如果淘宝能买到一切，为何还会有拼多多？

（3）每一种解决方案中，是否存在不尽如人意的地方？

（4）是否有些项目，服务对象已经偏老龄化，未能满足年轻人（90后和00后）的需求？

（5）各类弱势群体（老幼病残孕）的需求是否都已经关照到了？

（6）如果考虑设计一个新的服务，新方案和已有方案的差别在哪里？

（7）目前的服务，能否做得更细分，或者找到其他平行的细分领域？

第2卷

痛点（需求）发现

分析工具 辨别真痛点、伪痛点

什么叫伪痛点？

伪痛点指创业者陷入自己设定的"陷阱"里，自认为这个痛点很重要、很紧急，必须要快速解决。事实上，如果消费者没有意愿"买单"，那就变成了创业者无意义的"自嗨"。

辨别真伪痛点的两个要点：

第一，客户是否足够"痛"，以至于是否愿意付费来解决这个问题？免费的好处人人都想要，抛开价格谈服务是毫无意义的。

第二，是否细分了人群？不要将所有人当作目标人群，先针对愿意付费的少量群体，然后再逐步放大。

某创业者打算做小龙虾外卖，通过调研，他发现客户经常抱怨小龙虾洗得不够干净，于是他决心要做干净的小龙虾外卖。于是，他亲自去市场选价格贵一倍的高品质虾，还将小龙虾处理得干干净净。结果，他做了不到半年便赔了15万多元，倒闭了。

思考：不干净也许是真痛点，但是否所有客户都愿意为了"干净"而付出两倍价格？

快书包，2010年6月在北京成立，推出全新的"一小时到货"服务，以媲美大型网店的优惠价格，为消费者提供精挑细选的热门商品（主要是畅销书），运费全免。2015年初，快书包确认已经"烧光"了融资来的2000万元，项目失败了。

思考：买书需要一小时到货吗？快书包选中的是真痛点还是伪痛点？

某大型网约车出行平台，推出顺风车业务。该顺风车的广告以"10分钟换一辈子""我们约会吧"作为主打广告语，引导顺风车乘客和司机想象可能会发生一点浪漫轶事。与出行业务贴上交友标签不同，另一个大型网约车平台的广告语是"除了安全，什么都不会发生"，所有措施指向司机和乘客的隐私保护与安全。

思考：交友与安全，哪一个才是用户的真痛点？

从自己身上找痛点

生活中到处都是痛点。先从自身开始寻找。一天24小时，春夏秋冬，都可以作为思考主线，用于梳理痛点。以下仅作举例，每人可以写出和自己有关的痛点。

从头到脚

头	脱发、染发…
面部	眼镜、鼻贴…
躯干	肚腩、瘦身…
手	手汗、护手…
腿	丝袜、瘦腿…
脚	脚汗、泡脚…

一天24小时

0am-7am	熬夜、失眠、起不了床…
7am-12am	学习安排、时间分配…
12am-2pm	午餐选择、休闲娱乐…
2pm-6pm	午后困倦、体育活动…
6pm-10pm	在线学习、社交恋爱…
10pm-0am	宿舍交流、个性思考…

第 2 章

痛点（需求）发现

分析工具

冬天的囧事

冬天在北方洗澡

来自不同地域的人，对同一个季节的感受可能都有巨大差别。大家可以对春夏秋冬的囧事进行讨论，看看有哪些痛点是还未被解决的？

以冬天为例，南方人和北方人的感受可能有巨大的差异，例如，北方人的家里非常暖和，起床时离不开被窝和洗澡冻到发抖等痛点只是南方人的专属。但南北也有共同的痛点，例如，静电导致穿衣服、握手时触电，或者发型过于"奔放"。

冬天在南方洗澡

创新小白实操手册

应用练习

从自己的生活中找痛点

找一找，你能数出你的生活中有多少痛点?

从头到脚

头	
面部	
躯干	
手	
腿	
脚	

一天24小时

0am-7am	
7am-12am	
12am-2pm	
2pm-6pm	
6pm-10pm	
10pm-0am	

第 2 章

痛点（需求）发现

分析工具

2.2 通过环境分析找需求

通过PEST模型找需求

政策 Policy

政治环境包括一个国家的社会制度，政府的方针、政策等。政府的政策广泛影响着企业的经营行为，如劳动保护、社会福利等方面。此外，政府还会运用财政政策、产业政策和货币政策来实现宏观经济的调控。

例如，政府对于推动绿色发展、统筹产业结构调整、治理污染、保护生态，推进碳达峰碳中和的努力，也是政治环境的一部分。

社会文化环境包括一个国家或地区的居民教育程度和文化水平、宗教信仰、风俗习惯、审美观点、价值观念等。

社会文化环境分析主要考虑：人口变化会带来需求变化；文化水平会影响需求层次；价值观念会影响居民对组织目标、组织活动以及组织存在本身的认可与否；审美观点则会影响人们对组织活动内容、活动方式以及活动成果的态度。

社会 Society

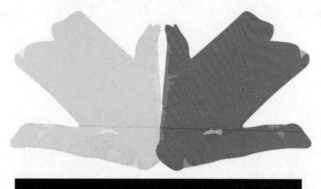

PEST 分析法

经济 Economic

经济环境包括宏观和微观两个方面。

宏观经济环境指一个国家的国民经济发展水平和发展速度，包括人口数量及其增长趋势，国民收入、国民生产总值等指标。

微观经济环境主要指企业所在地区或所服务地区的消费者的收入水平、消费偏好、储蓄情况、就业程度等因素。这些因素直接决定着企业目前及未来的市场大小。

技术环境分析主要考虑与企业所处领域的活动直接相关的技术手段的发展变化。

互联网技术已经改变了工作生活的方方面面。5G、云计算、区块链、人工智能、物联网等新技术，以及新技术的叠加应用对各行各业的影响广受关注。技术创新是创新，但把新技术创新性地应用在不同的场景，也是一种极为创造价值的创新。

技术 Technology

创新小白实操手册

分析工具

通过PEST模型找需求

社会环境分析：以人口变化为例

到2050年，我国的劳动人口将下降到不足八亿人，而总体增长趋势呈现负增长，也就是说，未来的劳动人口还在不断地减少。同时，老年人寿命长了，人数多了。我国将进入老龄化社会。

那么，这样的老龄化社会，会需要什么样的服务或产品呢？

想一想：以下问题如何解决？

（1）现在的老年人和以前的老年人，消费习惯的差别在哪里？

（2）他们有什么需求，或未来的需求，是还没有被针对性地满足的？可以从衣食住行、精神物质等各种方面展开探讨。

（3）二胎家庭的日常是怎样的？他们有什么需求？

（4）劳动力总数趋于下降，会对什么行业带来较大影响？如何应对？

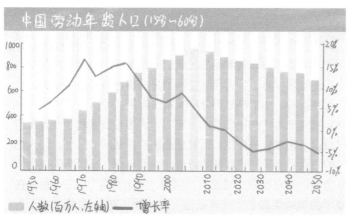

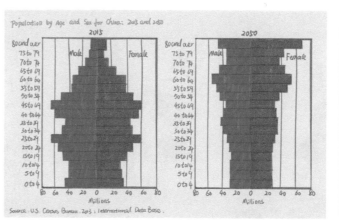

来源：彭文生："人口结构的宏观经济含义"，中国金融四十人论坛，2010-5-9.

分析工具

通过PEST模型找需求

社会环境分析：以社会习俗变化为例

从春晚的变化可以发现社会习俗的变化，这带来了什么新机会？

　　社会进入个性化时代。同质化的产品已经越来越不受客户欢迎，连春晚也不例外。淘宝率先把手机淘宝做成了"千人千面"，即搜索同一关键词，搜索结果将根据不同消费者的特征，将宝贝进行个性化地展示投放。从"千人一面"到"千人千面"，再到"一人千面"，各种创业企业都在想尽一切办法地满足顾客的需求。

　　对于创业者而言，客户的个性化诉求意味着有更多的细分市场可以挖掘，充满着机会。

从前　　　　现在

创新小白实操手册

从前　　现在

从做饭的变化可以发现社会习俗变化，这带来了什么新机会？

　　当用户底层需求逐渐被满足后，人们开始关注上层需求，其中包括了个人实现需求。有不少人愿意在网上分享自己所知道的知识，维基百科、百度百科、知乎等知识分享网站兴起了。

　　2016年被定义为"知识变现的一年"，许多投资者和创业者都想在内容付费这个领域分一杯羹。目前受热捧的付费问答平台，让人们以最简单的方式看到了知识服务的价值，以及知识分享带来的机会。知识分享也在向垂直细分领域发展，例如，"下厨房"——用户在上面分享了海量的菜谱；"飞客茶馆"——用户在上面分享关于信用卡和酒店、航空会籍的各类信息。

　　有没有其他领域可能去开发知识分享方面的平台？

分析工具

通过PEST模型找需求

技术环境分析：以"互联网+"为例

互联网+教育

 樊登读书会 SPIRITUAL WEALTH CLUB　荔枝微课　得到　喜马拉雅FM

互联网+出行

青桔单车　神州专车

互联网+金融

京东白条　支　WeBank 微众银行

互联网+购物

盒马鲜生　 Taobao.com　拼多多

互联网+医疗

春雨医生　丁香医生　叮当快药　壹药网 111.com.cn

互联网+便捷生活

安居客　大众点评 dianping.com　墨迹天气　58同城

第2章

痛点（需求）发现

分析工具

通过PEST模型找需求

技术环境分析：以 "人工智能+" 为例

人工智能 + 教育

智能阅卷改卷机器人，背诵机器人，在线口语评测平台，以大数据为基础的在线学习教育平台，智能、快速、全面的教育分析系统，智慧教室里的监测系统等。

此外，人工智能的教育培训将是一块 "超级大蛋糕"。

人工智能 + 金融

财务机器人的出现，可替代财务流程中的手工操作环节，并管理和监控各自动化的财务流程。无人银行的普及，使银行柜员人数大幅减少。目前的应用主要在客服、投资分析研究、智能投资顾问和征信等方面。但是人性化还略欠缺，未能完全替代人的工作，算法的优化是努力方向。

人工智能 + 医疗

集合图像识别、大数据处理、深度学习等AI领先技术，辅助医生进行疾病筛查和诊断工作。机器检查诊断的部分未来都由机器人完成，疾病风险预测、临床辅助诊疗、智能健康管理、医院智能管理等应用层面也在加速融入人工智能技术，同时，远程医疗也迎来了发展的春天。

人工智能 + 家居

家居是人工智能应用较为广泛和影响度较高的领域。通过语音控制设备，从而轻松控制家里的风扇、空调、空气净化器等家电。智能家居也已经从生态之争，到产品互联拓展的全平台之争。

人工智能 + 零售

国内零售业的人工智能创业公司，针对电商领域实现的功能主要有客服、实时定价促销、搜索、销售预测、补货预测、智能推荐商品信息等，与此同时可实现机械手臂机器人自动工作。

人工智能 + 物流

车货匹配系统、园区无人驾驶、智能物流运营管理、智能化场院管理、图像视频识别体系等，将极大地降低物流行业的运营成本和人工劳动强度，推动整个物流行业从劳动密集型服务行业向科技密集型服务行业转变。

2.3 练就一双"看到"痛点的慧眼

Oral-B儿童牙刷 —— 让宝贝爱上刷牙

全球顶尖的设计咨询公司IDEO在为欧乐B（Oral-B）设计新型儿童牙刷时，对儿童、父母、老师以及周边相关人员进行调查，他们发现目前市面上已经存在的儿童牙刷，除了体积比较小以外，基本上就是成人牙刷的翻版，然而孩子使用牙刷的方式与大人完全不同——大人用指尖拿着牙刷，而小孩儿用整个拳头抓住牙刷。对孩子们来说，抓住牙刷这个奇怪的东西在嘴里活动本身就是一件具有挑战性的事情。

IDEO为欧乐B设计了肥大、柔软，且让儿童觉得有趣又好用的新型牙刷，结果这一创新帮助欧乐B在新产品上市后的八个月内登上了儿童牙刷销量第一的宝座。

第2卷

痛点（需求）发现

应用练习

新技术与这些行业的碰撞会有什么新需求？连连看

文创设计　　　　　一日三餐　　　　　居住、装修

买菜做饭　　　共享出行　　　线上购物　　　穿衣打扮

美容护肤　　　　　人工智能　　　区块链　　　线下购物

早期教育　　　　　　　　　　　大数据　　　创业服务

成人教育　　　　　　　　新技术

5G　　　　　　　　　　　　云计算　　　　养老服务

知识分享

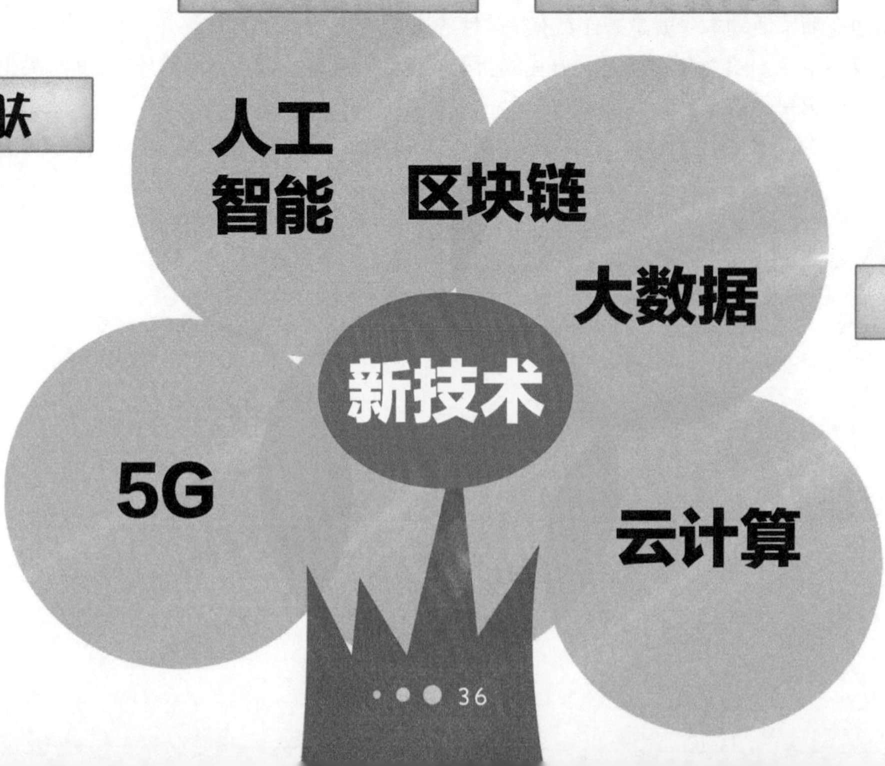

知识介绍

同理心：设身处地、感同身受

同理心（Empathy）是一个心理学的概念，又称为"设身处地理解""感情移入""共情"等，即设身处地地对他人的情绪和情感的认知性觉知、把握与理解，主要体现在情绪自控、换位思考、倾听能力以及表达尊重等与情商相关的方面。

简而言之，同理心就是人们能够认同或理解另一个人的观点、经验或动机的能力。只有当人们真正能够感同身受，并理解当时的处境和想法后，在遇到同类情形的时候才能够洞察真相，透过现象看本质。

如何获得同理心

发现

通过阅读相关资料、与用户面对面等途径，研究用户的生活场景、过去经历等，发现用户的痛点。

沉浸

走进用户的生活，体验用户的生活，完全沉浸在用户的世界，从用户的角度去理解其思维和行为。

连接

找到与用户的共同经历，在与用户的交流中就某些问题产生共鸣，并产生连接。

分离

认知用户以后，走出用户的生活，重新理解和界定问题，并给出有效的解决方案。

分析工具

学会用同理心去共情别人身上的痛苦

同理心的三种层次如下：

第一层为认知同理心。能站在他人的立场上，理解对方的做法，但是感受不到对方的情绪。

第二层为情绪同理心。能与对方感同身受。

第三层为同理心关怀。能感觉到对方需要帮助，并且想办法去提供这种帮助。

例如，奶奶不愿出门。认知同理心，能让我们理解并尊重她的选择。情绪同理心，能让我们意识到奶奶因腿脚不便，不愿麻烦别人，其实她也想出门走走。同理心关怀，能让我们意识到奶奶需要我们的帮助，并且去找到合适的工具、方法帮助她出门。

要善于观察其他人的行为与抱怨。每一次的抱怨，背后都有一个痛点。尝试用同理心，共情别人身上的痛点。

举例：

婴儿用水银体温计量体温，不断啼哭、不配合。
如果强行按住他，只会暂时性解决问题。
但能共情他的恐惧的人，开发出了非接触式体温计，只要"嘀"一下就能量出体温。

举例：

下雨天，一边打着伞走路一边玩手机的行为十分危险，但有时不得不这样做。
但能共情处这种需求的人，开发了环状手柄的雨伞，并最终帮助了那些确实不方便手持雨伞的人。

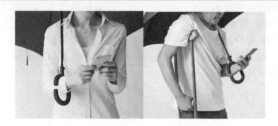

创新小白实操手册

应用练习

学会用同理心去共情别人身上的痛苦

尝试观察身边的人都有些什么抱怨，以及可以如何帮助他们？有条件的话，与用户进行真实交流，一对一深度交流效果最佳。

抱怨的主体	发生频率	抱怨/发生困难的内容，以及可以如何帮助？
我的妈妈		
我的奶奶		
我的男/女朋友		
我的单身室友		

第2章

痛点（需求）发现

创新小白实操手册

应用练习

发掘更多在不同场景下的痛点

生活中的场景介绍（按场景分类，为精准找痛点作铺垫）

Who+When+Where+What+How
人　时间　地点　事情　方式

　　每组同学抽取一张场景卡，根据场景卡列出用户可能出现的需求和痛点。

　　完成的小组可以再抽取一张场景卡，在限定时间内完成场景卡任务最多、最好的小组可获得加分。

启发案例

2.4 一个痛点有多种解决方案

以脱发这一痛点为例

解决方案7：物理增发

做法：利用物理技术，将一缕（4~6根）发丝以扎环打结的方式固定在自身健康的毛发根部，以达到增加自身毛发4~6倍数量的目的（每次操作有效时间长达几年）。

费用：人民币5000元左右

解决方案1：激光生发仪（生发帽、健发梳、头盔）

做法：基于低能量激光疗法技术研发，获得了FDA Ⅱ类辅助治疗方法的认证，被证明对促进毛发生长有效。

费用：人民币3000~4000元

头顶凉风阵阵

解决方案2：植发

做法：通过特殊器械，将头发毛囊周围部分组织一并完整切取，移植到新的位置。

费用：人民币30000~40000元

解决方案6：防脱发洗发水

做法：在洗发水中加入对头部皮肤病有一定治疗作用的成分，可以起到一定的防止脱发的作用。

费用：人民币80~300元

解决方案3：假发

做法：通过人造技术制造而成的头发，通过一定的办法固定在头上。

费用：人民币500~3000元

解决方案5：增发纤维粉

做法：利用一种增发纤维粉，通过物理静电，让细小的植物纤维像小磁铁一样吸附在头发上，从视觉上达到以假乱真的效果（一次性）。

费用：人民币59元

解决方案4：假发垫片

做法：将人造技术制造而成的头发垫片固定在头上，能解决部分位置头发稀少的问题。

费用：人民币10~40元

第2章

痛点（需求）发现

知识介绍

一个痛点有多种解决方案

对于同一个痛点，可以有不同的解决方案。以脱发为例，有的解决方案终身有效、价格昂贵；有的解决方案只能暂时有效。不同的人会根据自己的需求做出选择。例如，有的人发际线偏后，只想要局部的假发垫片；有的人虽然头发稀疏，但只希望在关键场合能有一个好形象，便可以选择增发纤维粉。

什么是最好的解决方案？其实，不同的人群有不同的需求，很难说某一个解决方案是绝对好的选择。但是，如果能找到针对的细分人群，便一定可以找到更适合他们，或更受这个人群欢迎的解决方案。因此，不要因为找到的痛点已经有了解决方案，便放弃对潜在解决方案的探索。

右图所示为一组产品评价的维度雷达图。假设该图讨论的是一辆汽车。

年轻男子：更关心性能，是不是具有驾驶乐趣。

年长男子：更关心可靠性和稳定性，少出问题少维修。

年轻女子："外貌协会"成员，更关心车子好不好看（形象）。同时，她们也关心汽车是否容易操作，因为某些女司机经常在泊车时遇到困难。

普通工薪阶层：更关心价格。

当人们都关注性能的时候，是否能另辟蹊径，从其他的评价维度入手？

例如，对于胰岛素针剂市场，大部分公司的聚焦点在于使用过程中的"性能"和"风险"，致力于研发更高纯度、更高稳定性的胰岛素产品。但是随着大部分知名品牌的胰岛素纯度都提高到 99% 以上，继续提高纯度不但耗费巨额资金，而且对消费者的使用影响甚微。诺和诺德公司再三思考发现，阻碍消费者使用的最大因素已不是"性能"和"风险"，而是"形象"和使用的"容易程度"。于是他们研发出"笔形"胰岛素，不容易被他人识别出"糖尿病人"的身份，同时该胰岛素产品不需要用针注射，提高了使用的容易程度，因而获得了巨大成功。

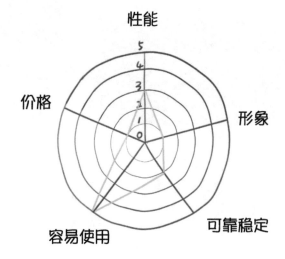

分析工具 　**以不同方式解决问题（差异化）**

比别人更高端/低端

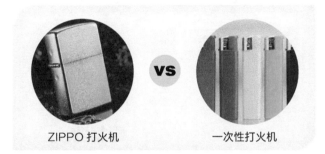

ZIPPO 打火机　　　　　一次性打火机

比别人更耐用/易消耗

隐形眼镜半年抛　　　　隐形眼镜日抛

比别人包装更好/更差

礼盒装月饼　　　　　　简易装月饼

比别人更迷你/更庞大

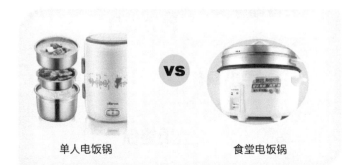

单人电饭锅　　　　　　食堂电饭锅

第 2 章

痛点（需求）发现

分析工具

以不同方式解决问题（差异化）

？　更节能　更简单　可拆装　？

？　更便捷　更便宜　限量供应

更美观

更可爱　更贵　不同场景　？

更精致

更优质　？　**想要解决的问题**

个性定制

更冷酷　跨界组合　不同成分　更营养　更耐用

更易耗

更小众化　更大　？

更大众化

？　更迷你　？

创新小白实操手册

发掘更多不同的解决方案

选中一个生活中的常见痛点，写出已存在和未来可能实现的不同的解决方案。

例如：做饭（电饭锅）

冬日取暖（暖炉）

扫地（扫把）

……

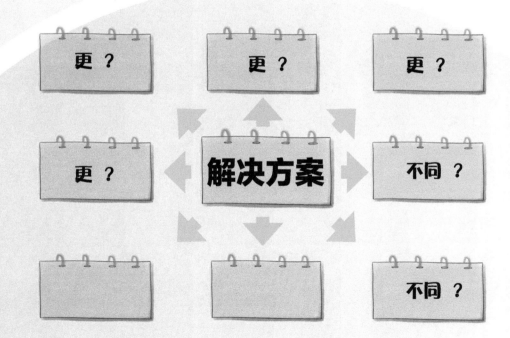

第3章 创新方法

破解"失能老人接尿"难题——
扬州工业职业技术学院研发专利"尿宝"走进扬州老人家中！

为解决"失能老人接尿"问题，扬州工业职业技术学院（以下简称"扬工院"）创业团队研发专利"尿宝"。该项目在第五届中国"互联网+"大学生创新创业大赛总决赛上获得金奖。

家住市区新城花园小区的一位老人通过媒体得知此事，向扬工院寻求帮助。2019年12月10日下午，扬工院双创学院副院长王盛带着"尿宝"产品研发团队的老师和同学来到了市区新城花园小区77岁老人袁老的家中，送上了为他特定生产的"尿宝"爱心礼物。

7年以来，袁老一直受一件事情困扰。因身体原因，袁老只要在日常生活中动作幅度稍大，尿液便会不受控制地流出。因此不得不穿着尿不湿生活，七年用掉了上万片。自此，出门对于袁老而言是最害怕的事情。得知扬工院大学生创业者研发的"尿宝"产品后，他给师生们写了封信，愿意有偿使用尿宝。扬工院领导得知此事后认为大学生创新创业的目的就是要用智慧与能力造福社会，他鼓励大学生们去帮助老人。

"尿宝"创业团队为帮助老人减轻痛苦，决定免费给他赠送一台"尿宝"，并向他致以亲切的问候，老人感动万分。

"尿宝"创业团队表示，通过这件事情，一方面解决了袁老的实际困难，另一方面也是对他们产品的一次验证。他们也希望通过试用和客户意见反馈，让比赛作品成为市场真正需要的产品。

知识介绍

3.1 寻求理想产品状态

创新三步骤

做一项有价值的创新，需要创新地提出解决方案，且能让用户接受该方案，这对创新者而言很不容易。许多创新者都有一个烦恼，便是不知道从何开始入手。

创新三步骤可以帮助初次体验创新活动的同学更快更稳地实现一项有价值的创新。

（1）寻求最理想的产品状态 ▶ **（2）洞察根本原因** ▶ **（3）套用创新方法**

每一个步骤都有相应的方法、工具与案例，让大家可以在有效的指导下执行。

寻求理想产品状态

知识介绍

通过上一章的学习，我们可能已经找到了用户的需求。那么如何去解决呢？

首先，我们可以一起来畅想一下理想的产品（或解决方案）的状态是什么样的。寻求理想的产品状态，需要到用户中调研，但又不能完全听取用户的意见，因为用户不可能有足够的前瞻性，也不可能完全理解技术的发展规律。例如，在汽车被发明之前，如果去调查所有用户的想法，他们都会说希望得到一辆跑得更快的马车。甚至在汽车被发明出来的初期，还常被用户嘲笑，说跑得还不如马快。

美国学者史蒂芬·柯维在《高效能人士的七个习惯》一书中提到，高效能人士的第二个习惯是"以终为始"。"以终为始"思维是一种反向思维方式，就是从最终的结果出发，反向分析过程或原因，寻找关键因素或对策，采取相应策略，从而达成结果或解决问题。这种思维方式也可运用于产品研发。假设你是一家公司的产品研发经理，那么如何运营这种思维方式呢？你可以设定一个完美产品的最终目标，反向分析当前市场上的产品无法实现最终目标的原因，寻找为什么这些原因会阻止完美产品的出现？如何消除掉这些不利因素？制定相应的战略，从而解决当前市场上的产品尚未解决的问题。

由俄罗斯发明家阿奇舒勒（Genrich S.Altshuller）开发的TRIZ发明工具里，有一个工具叫作"倒推"，便是遵循反向思维的逻辑。当面对一个有缺陷的产品时，应该先给这个商品设定一个完美目标，确认设定的目标是否达到了最理想的状态，但是由于资源限制条件无法达到，所以一步一步往后倒推分析完美目标无法实现的根本原因，再想办法解决掉这些"障碍"。

结合技术的发展去畅想最理想的产品状态

敢于打破常规

当无线通信刚被发明出来的时候，几乎所有人都认定了这个技术演变的最终目标是每个人拥有一台无线通信装置，能够成为"无线"的电话。但在当时的技术条件下，无线通信设备有无线发射器和无线接收器两个部分。无线发射器体积庞大，价格昂贵；无线接收器体积小，价格便宜。这时，一位"打破常规"的创新者想到，是不是可以把发射器和接收器分开，让每个人都有一部非常便宜的接收器，来接收某个中心发射器的信号。就这样，广播这种依赖无线电技术的大众传播方式诞生了。

试想一下，如果不敢打破常规，第一个发明汽车的人，考虑用缰绳或自行车把的方式来控制汽车的行驶方向，汽车会是什么样呢？

乔布斯在设计第一款苹果手机的时候就提出，手机上面按钮众多非常不简约，他一定要生产一款足够简约的手机，如只有一个按钮甚至没有按钮。尽管很多人认为这是天方夜谭，但通过乔布斯团队的努力，最终他们实现了一个大胆极端的设计方案：抛弃几乎所有的物理按键，只保留一个Home键。这样的设计让用户操作起来更简单，更有控制感。

创新小白实操手册

努力洞悉未来

在互联网发展的初期，当时的用户没有准确地提出针对搜索引擎的需求，因为使用者习惯于使用分类目录来查找自己需要的网页。那时，用户可能并不知道搜索引擎是什么，不清楚自己是否真正需要这样的功能，也不清楚技术上是否具有可行性。但是，能够洞悉未来的创新者可以推测：随着网页数量的不断增长，总有一天，分类目录将无法更好地容纳更多的新网页。这时，创新者便先于用户想到，未来的用户需求一定会转向比分类目录浏览更加便捷的方式。例如，是不是可以允许使用者使用任何关键字进行查询，并获取网页结果呢？在技术上，是不是可以自动为海量网页创建索引并获得更好的排序呢？谷歌公司的创始人正是洞悉了这个用户的潜在需求，而投身于搜索技术的研发。当使用者对于网络搜索的需求越来越明显时，以谷歌为代表的搜索引擎就自然而然地走向前台，取得了巨大的成功，并直接带动了网络广告产业的兴起。

嘟嘟暖风机　温暖不干燥

对于"怕冷星人"而言，冬天最大的痛点就是"冷"。为了解决这个痛点，市场上涌现出了一个又一个取暖神器，如各式各样的暖风扇，主打"即开即热，送风送暖"的理念。但是这样的暖风扇都有一个共同的缺点，那就是短暂运行后房间虽然迅速升温，但是空气变得十分干燥；再如市场上推出的桌面恒温产品，即电热暖桌宝、恒温鼠标垫等产品，这类产品虽然价格不高，多数在百元以内，但是由于材质和发热问题，多数有气味，让人担心其是否对人体有害，且长时间使用产品后皮肤会变得非常干燥；又如市场上推出的插电暖脚宝和发热鞋垫等产品，插电暖脚宝可以说是"奇丑无比"，而且上班族穿上它非常不方便，也存在使皮肤变干燥的问题；发热鞋垫则需要充电，如果鞋垫臭了，还要拿出来充电，岂不是很令人尴尬？东菱看到了市场上这些产品存在的问题，设定解决目标：生产一款"温暖不干燥"的暖风机。东菱从减小暖风机体积、增加加水装置和加湿出风口、配置随用随"充"暖手宝和冷暖风切换几个角度出发，在2019年推出了这款"嘟嘟暖风机"产品，集暖风、加湿、暖手宝和风扇四个功能于一体，受到市场欢迎。

东菱这款产品最大的成功之处在于设定了一个可行的解决目标，洞察暖风机引起干燥问题的根本原因，即暖风机加热引起温度升高，从加湿的角度出发解决了这个根本原因。

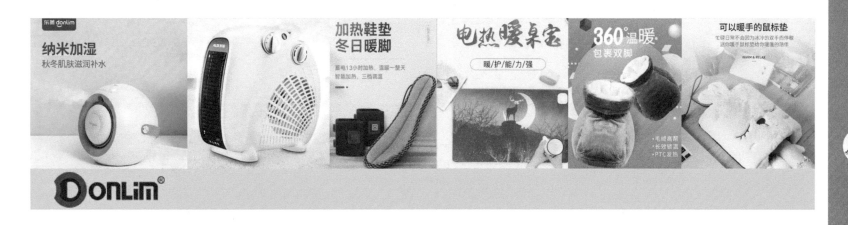

分析工具

HIVI Table–确认最理想的产品状态

HIVI Table是TRIZ理论的一个重要工具，H代表Harmful，有害的；第一个I代表Inconvenient，不方便的；V代表Value Added，价值增值的，即这部分价值在于可能连消费者自身也没有体验过的美好功能；第二个I代表Idea，创意。

从有害、不方便和价值增值等方面去确认需要改进的产品有哪些方面对人体或环境有害，哪些方面为消费者带来了不方便，哪些方面可以实现价值增值，进而确认设定的产品目标是否是最完美的状态，以探寻创新的方法。

以眼镜为例，头脑风暴一下戴眼镜人士都有哪些痛点或期待，再来推断出理想的产品状态。

	从有害的功能寻求理想状态	从不方便的功能寻求理想状态	从价值增值的角度寻求理想状态
痛点或期待	压迫鼻梁 长时间戴眼镜引起眼睛酸痛、头晕 影响颜值 ……	携带 清洗 保养 ……	彰显个性 具有 VR 功能 能打电话 ……
理想的产品状态	不压迫鼻梁的眼镜 （例如加个鼻托） 轻若无感的眼镜 戴上后颜值更高的眼镜	可以折叠的眼镜 可以自动清洗保养的眼镜	可以独立设计和定制的眼镜 能打电话，能看 3D、4D、5D 等视频的眼镜 美观个性、没有压迫感的眼镜

HIVI Table–确认最理想的产品状态

利用头脑风暴的分析结果，整理思路，填写HIVI表格，分析产品的有害之处，不方便之处、价值增值和理想的产品状态，设定解决目标，确定一款完美产品以及它应该具备的功能。

HIVI Table			
	有害的	**不方便的**	**价值增值**
痛点或期待			
理想的产品状态			
设定解决目标，描述完美产品			

第3章
创新方法

分析工具

3.2 洞察根本原因

绘制鱼骨图：探寻关键原因

鱼骨图（Fishbone Diagram）由日本管理大师石川馨先生提出，又称石川图。它是一种发现问题根本原因的分析工具，因形状似鱼骨而得名，鱼骨图分为原因型、对策型和整理问题型。本章主要介绍原因型鱼骨图，用于探讨问题的因素。

创新小白实操手册

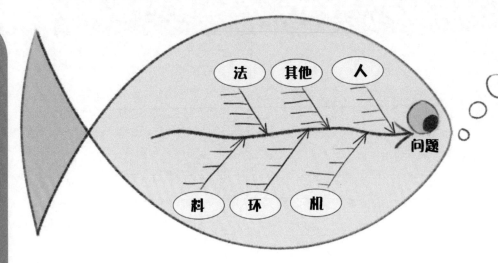

第一步：确定问题

首先确定需要解决的问题，如手机很快就没电了。

第二步：分析原因

采用头脑风暴的方法找出所有原因和因素，从人、机、料、法、环及其他六个方面进行分类整理，厘清从属关系。

第三步：确定关键原因

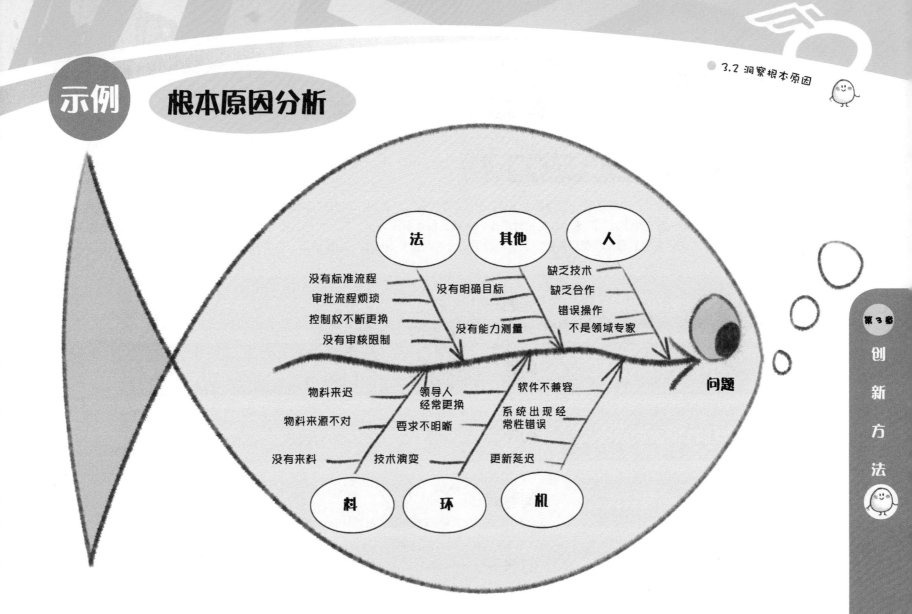

示例　根本原因分析

法　　其他　　人

没有标准流程
审批流程烦琐　　　没有明确目标
控制权不断更换
没有审核限制　　　没有能力测量

缺乏技术
缺乏合作
错误操作
不是领域专家

物料来迟　　　领导人
　　　　　　　经常更换　　　软件不兼容
物料来源不对
　　　　　　　要求不明晰　　系统出现经
　　　　　　　　　　　　　　常性错误
没有来料　　　技术演变　　　更新延迟

问题

料　　环　　机

创新小白实操手册

分析工具

5WHY分析法：逐步倒推，找到根本原因

5WHY分析法，又称"5问法"，也就是对一个问题点连续以5个"为什么"来提问，以追究其根本原因的方法。这种方法最初虽然被称为5个为什么，但使用时不限定只做5次"为什么"的探讨，使用时需提问至找到根本原因为止，有时可能只要3次，有时也许要10次。5WHY法的关键在于鼓励解决问题的人要努力避开主观的假设和逻辑陷阱，从结果着手，沿着因果关系链条，顺藤摸瓜，直至找出原有问题的根本原因。

为什么机器停了	问题一	因为机器超负荷，熔丝熔断了
为什么机器会超载	问题二	因为轴承的润滑不够
为什么轴承润滑不足	问题三	因为油泵失灵了，吸不上油
为什么油泵会失灵	问题四	因为油泵轴磨损，松动了
为什么油泵轴会磨损	问题五	因为没有安装过滤器，混进了铁屑

分析工具 **5WHY分析法：逐步倒推，找到根本原因**

　　反复追问上述5个"为什么"，就会发现根本原因是需要安装过滤器。而如果没有将"为什么"问到底，换上熔丝或者换上油泵轴就了事，那么，几个月以后就会再次发生同样的故障。

　　我们都经历过这样的情形，你现在有一份紧急的文件需要打印，突然间打印机无法工作了，你到处找原因，急得满头大汗。这个时候就可以借鉴5WHY分析法进行洞察，挖掘出打印机不工作的根本原因，制订对策并执行。

问 题	原 因
为什么打印机不工作了？	因为打印机停止打印等待进纸。
为什么停止打印等待进纸？	因为打印机进纸传感器感应不到纸张。
为什么打印机感应不到纸张？	因为打印机的传感器与纸张接触不良。
为什么接触不良？	因为传感器上沾满了灰尘。

　　怎样才能确定我们找到的原因已经是根本原因了呢？ 有以下三个原则：第一，你找到的原因无法继续追问；第二，你找到的根本原因已经是不可抗力，如天气原因；第三，你找到的原因涉及国家法律、法规和政策的约束或者已经到了生产成本的极限。

访谈小贴士

　　（1）原因分析要基于现实，绝对客观，不能推测、臆想或者假设，更不能找借口和理由。
　　（2）有的问题可能不止一个原因，要找出所有可能的原因。
　　（3）不要认为答案是显而易见的，要有"打破砂锅问到底"的精神，锲而不舍。

第3章 创新方法

应用练习　　　**绘制鱼骨图：探寻关键原因**

使用鱼骨图分析出完美产品无法达到的主要原因，可按照人、机、料、法、环及其他等方面进行归类（如有其他合适的分类法亦可采用），绘制在鱼骨图中。

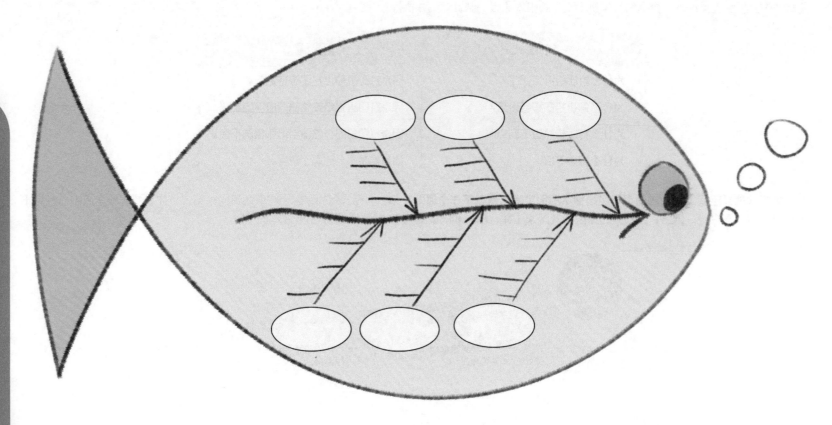

使用5WHY分析法确认阻碍完美产品无法达到的根本原因，填入表格中。

5WHY 分析						
问题	鱼骨图主要原因	1WHY	2WHY	3WHY	4WHY	5WHY
1	鱼骨图主要原因 1					
2	鱼骨图主要原因 2					
3	鱼骨图主要原因 3					

第 3 章

创

新

方

法

3.3 创新方法36技

创新，简单而言就是创造和发现新事物，也有破旧立新、继承发扬的意思。创新不是总靠拍脑袋去捕捉灵光乍现，而是有可遵循的原理、方法与技巧。苏联学者根里奇·阿奇舒勒(G. S. Altshuller)通过分析大量专利和创新案例总结并创建了TRIZ理论，揭示了创造发明的内在规律和原理，作出了划时代的贡献。我国李葆文教授对创新的分类进行了重新解析和归纳，并借兵法中的"36计"提法，用四字成语为这"36种创新方法"命名，对我国的科技创新起到"启迪思路"和"引领探索"作用。

本节将介绍这36种创新方法。值得指出的是，某些创新内容也许可以同时归类为不同的创新分类范畴，这是因为归类的视角不同，或者因为创新内容本身就具有多质性。例如，某些创新既属于"音变"的创新，又属于"渐进"的创新，另外一些创新既属于"聚合"的创新，也属于"缩放"的创新。这36种创新方法无疑可以帮助我们打开思路，找出创新规律，由自发、自然的创新变成自觉、有序、有效的创新。**36种创新方法如下图所示。**

创新小白实操手册

海纳百川	化整为零	周而复始	更新换代	重峦叠嶂	大道至简	纵横交错	层出不穷	四平八稳

东倒西歪	精雕细琢	伸缩自如	留有余地	草船借箭	五味俱全	须弥芥子	滴水成冰	偷梁换柱
上下左右	曹冲称象	五光十色	千形万态	五音六律	格物穷理	牵肠挂肚	接连不断	一反常态
跌宕起伏	虚虚实实	丢卒保车	否极泰来	含沙射影	前车之鉴	势不可挡	相互依存	天罗地网

解释： "海纳百川"就是将不同的子系统和个体集聚在一起，形成合力，或者实现更加强大的功能，其应用的手段包括聚合、融合、整合等。

案例1： 智能手机是最典型的"海纳百川"创新方法的案例。智能手机聚合着多种功能，包括通话、写信、娱乐、计算、购物、打车、阅读、办公、导航、检索、录像、手电、摄影、炒股、理财、天气、订餐、支付等，而且新的功能还通过APP的诞生在不断增加，这样的"聚合"革新在不断进行之中。

手机聚合多种功能

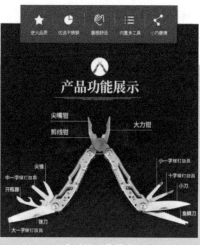

多功能工具组合

（1）你还想到哪些"海纳百川"的例子呢？
（2）"海纳百川"方法还可以用在哪里？请尝试写一写，看看能不能创造一个新产品。

案例2： 多功能工具组合。一件工具，集合尖嘴钳、剪线钳、大力钳、尖锥、大中小一字螺钉旋具、十字螺钉旋具、开瓶器、锉刀、鱼鳞刀、小刀等工具于一体，并集合了不生锈、便携、折叠收纳等特性。

第 3 卷

创

新

方

法

知识介绍

方法2：化整为零

解释： "化整为零"是将一个整体的构件或者系统拆分成为零散的子构件或者子系统，突出子系统的特色与功能，其应用的手段包括分解、分割、分离、消减、离散化、个性化等。按照"斜木桶"理论，某一最长的木板，决定斜木桶的装水水平。因此，有时候突出某子模块、子系统的功能和特色，反而会带来更好的功效。

分类垃圾桶

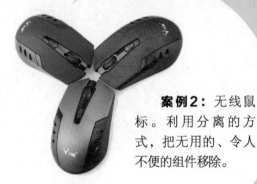

案例2： 无线鼠标。利用分离的方式，把无用的、令人不便的组件移除。

无线鼠标

案例1： 分类垃圾桶。通过分类可以让垃圾在初始阶段分离，减少后续分拣时的人力资源浪费。

（1）你还想到哪些"化整为零"的例子呢？
（2）"化整为零"方法还可以用在哪里？请尝试写一写，看看能不能创造一个新产品。

创新小白实操手册

解释： "周而复始"是应用循环、复古、再现、重现的手段进行革新的一种技巧，旨在重现历史，也是对一种历史创造物的借鉴。"周而复始"往往不是简单的重复，而是一种变化的再现，螺旋式上升，还包括物质的再生和循环。

案例1： 资源的循环。废油的再生处理和循环利用，可以帮助企业节约大量润滑和液压油品。水的循环利用更为普遍，如生活用水和工业用水的废水回收、处理和循环再利用。人类甚至有意识地构造出一种生态循环。利用池塘水养鱼，鱼粪和塘泥捞出来浇地，成为有机肥料，用来肥桑；桑树长出桑叶之后，桑叶用来喂蚕，蚕沙又可以喂鱼，这样就形成了生态循环。

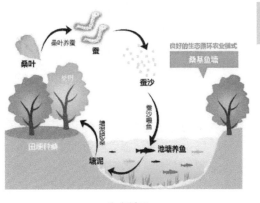
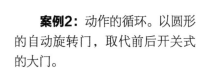

生态循环

案例2： 动作的循环。以圆形的自动旋转门，取代前后开关式的大门。

自动旋转门

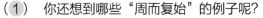

（1）　你还想到哪些"周而复始"的例子呢？

（2）"周而复始"方法还可以用在哪里？请尝试写一写，看看能不能创造一个新产品。

第3章 创新方法

知识介绍   方法4：更新换代

解释： "更新换代"是通过迭代、升格、再版等方式进行革新的一种技巧。"更新换代"既有继承的因素，又有变异的成分；既是一种进步和升级，又是与历史创造物的衔接。

电视机的演变

案例1： 电视机经历了从黑白到彩色，从电子管、晶体管电视迅速发展到集成电路电视的过程。目前，电视正在向智能化、数字化和多功能化迈进。电视转播也由卫星传播发展为卫星直播。

乐高积木

案例2： 乐高积木就是一个典型的 "迭代"例子。乐高积木最初只是启发婴幼儿智力的简单木制玩具。第二次世界大战后，随着塑料制品的普及，乐高积木也改由塑料作为原料，用凸点和内孔连接的塑料积木投放市场。不久乐高公司又推出专门为3个月至5岁婴幼儿设计的积木产品。这种积木比普通积木大8倍，可以防止婴幼儿误食而发生危险。乐高公司不断地更新其玩具的版本，通过这种变革不断吸引和凝聚消费者。最近，乐高公司还通过"让消费者与品牌同行"活动，让消费者中的"工匠"一起开发，将"乐高城堡"版本不断升级。乐高积木不仅代表了"迭代"革新，它也是"重构""色变"革新的典型案例。

（1）你还想到哪些"更新换代"的例子呢？
（2）"更新换代"方法还可以用在哪里？请尝试写一写，看看能不能创造一个新产品。

解释： "重峦叠嶂"是指通过重构、重组、变异、重排、重序等方法进行革新的技巧。

案例1： 为了改善人们的生活方式，德国大众公司推出一款音乐楼梯，并率先在瑞典首都斯德哥尔摩的地铁站试运行。音乐楼梯是个让楼梯提供有趣的音乐体验的装置，用互动的形式吸引市民减少使用电梯，多走楼梯，可以有效减少碳排放。

音乐楼梯

案例2： 尿不湿也是"重峦叠嶂"创新方法的典型案例。过去常用的尿布吸水性不强，而且会渗透到衣服上或者被子上。20世纪80年代，"太空服之父"华人唐鑫源为解决宇航员的排尿问题，改进了太空服，加入高分子吸收体，发明了能吸水1400mL的纸尿片。该技术后来转为民用，就是现在千家万户使用的"尿不湿"。这个尿不湿就是对传统尿布的"重构"。

（1）你还想到哪些"重峦叠嶂"的例子呢？
（2）"重峦叠嶂"方法还可以用在哪里？请尝试写一写，看看能不能创造一个新产品。

尿不湿

知识介绍

方法6：大道至简

解释： "大道至简"就是利用简化、简约、省略、删减、排除、消减、抽象等手段进行革新的技巧。事物往往是由简单变为复杂，再由复杂变为简单，周而复始。工匠既要运用"复杂"的变革理念，又要学会"简化"的工作技巧。

笔记本计算机

案例1： "空间简化"。几十年前的计算机有一栋房子那么大，而现在的笔记本计算机功能强大、体积小巧。瑞士军刀可以将不需要的刀具折叠隐藏起来，令外观简洁小巧，也是一种"空间简化"。

候机厅

案例2： "时间简化"。飞机、高铁让旅行时间缩短。同时，在候机、候车大厅里的大屏幕播放电视节目，让等候的时间在感觉上缩短，也是另外一种"时间简化"。

智能汽车

案例3： "操作简化"。早期的汽车是手动挡，现在的汽车是自动挡，未来的智能汽车可能会是"口动挡"。

（1）你还想到哪些"大道至简"的例子呢？

（2）"大道至简"方法还可以用在哪里？请尝试写一写，看看能不能创造一个新产品。

创新小白实操手册

知识介绍　方法7：纵横交错

解释： "纵横交错"是通过交汇、合成等方式让系统实现功能交叉的一种革新技巧。

各类食品

案例1： 食品添加剂算是较早地实现了功能"交叉"，促进了食品工业的发展，并被誉为现代食品工业的灵魂，其主要作用是防止食品变质、改善感官的感觉、保持并提高营养价值。当然，如果这种添加剂对身体有害，则将退出历史舞台。

加油站与便利店

案例2： 传统加油站只可以加油，当加油站与便利店"交叉"，就给驾车族带来很多方便，如停车休息时喝点饮料、吃点零食、买本杂志……这一"交叉"既给加油站带来生意，又给便利店赚取利润，可谓共赢。

（1）你还想到哪些"纵横交错"的例子呢？

（2）"纵横交错"方法还可以用在哪里？请尝试写一写，看看能不能创造一个新产品。

第3卷　创新方法

知识介绍　　方法8：层出不穷

解释： "层出不穷"是通过嵌套、叠层等方式来提升创造物功效和价值的革新技巧。

案例1： 俄罗斯套娃就是一类典型的"嵌套"革新例子。俄罗斯套娃造就了一个产业，而且经久不衰。与之类似的"嵌套"革新还包括我国的象牙工艺品、玉石工艺品、木质镂空雕刻工艺品以及鼻烟壶等，为世人所赞叹。

案例2： 在工业领域，最常见的嵌套设计应用是轴承结构。类似的应用还有拉杆箱的把手、照相机的支架以及衣柜的推拉门等。

俄罗斯套娃

照相机的支架

（1）你还想到哪些"层出不穷"的例子呢？
（2）"层出不穷"方法还可以用在哪里？请尝试写一写，看看能不能创造一个新产品。

创新小白实操手册

方法9：四平八稳

解释： "四平八稳"是指"对称性"的变革，是通过平衡、对称、稳定的方式来完成某种功效的革新技巧。这也是很多产品和事物的常规态势，符合多数人的审美观。

案例1： 自行车的革新充分体现"对称"技巧的应用，这包括前后轮的链条连接，两个脚蹬子和可转向车把的平衡等。飞机、汽车和摩天轮等都属于对称和平衡的设计造型。

摩天轮

案例2： 中国艺术追求"对称"和"平衡"。中国剪纸艺术充分运用了"对称"的概念。双面绣艺术也采用"对称"设计，在布的两面同时展现图像的效果。

中国剪纸艺术

第 3 卷
创 新 方 法

（1） 你还想到哪些"四平八稳"的例子呢？
（2） "四平八稳"方法还可以用在哪里？请尝试写一写，看看能不能创造一个新产品。

知识介绍

方法10：东倒西歪

解释： "东倒西歪"是通过不对称、反对称、反平衡等方式进行革新的技巧。这是与"四平八稳"这种对称式革新完全相反的革新方式。

案例1： 人们利用"不对称"的杠杆原理创造了大量的工具，如扳手、钳子、指甲刀、起子、夹子、撬杠、剪子、筷子、镊子、杆秤等。

杆秤

"七字型"沙发

案例2： 家具多采用对称设计，而一些非对称设计的家具却获得越来越多人的喜爱。如"七字型"沙发，其非对称的设计可以更好地结合室内风格，表达其个性之美。

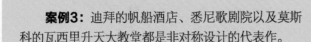

案例3： 迪拜的帆船酒店、悉尼歌剧院以及莫斯科的瓦西里升天大教堂都是非对称设计的代表作。

帆船酒店

（1）你还想到哪些"东倒西歪"的例子呢？
（2）"东倒西歪"方法还可以用在哪里？请尝试写一写，看看能不能创造一个新产品。

创新小白实操手册

知识介绍

方法11：精雕细琢

解释： "精雕细琢"就是追求设计和工艺上的完美和极致，其相关的语义还包含精确、准确、细微等。这是工匠精神的集中体现。这种"精雕细琢"的革新技巧往往为产品、系统或者构件创造倍增的价值。

体温计与电子体重计

案例1： 温度计是通过金属或液体的热胀冷缩原理，或者受热体的电参数变化来测量温度变化的革新产物。体重计也是精准设计的产物，从早期的磅秤，到后来的弹簧式体重计，再到电子体重计。电子体重计就是利用力传感器，在置物平台上放上重物后使表面发生形变而引发内置电阻的形变，电阻的形变引发电阻阻值的变化，电阻阻值的变化又使内部电流发生变化产生了相应的电信号，电信号经过处理后就成了可视数字。

男女装的类别细分

案例2： 广义的"精准"可以指细分市场。精准地定义客户群，有助于制造适应这类客户群的特定商品。人们把服装细分为高档、中档和低档服装，或者分为春装夏装、秋装和冬装，或者分为童装、女装、男装，或者分为职业装、工装、休闲装、运动装、戏装、礼服等，可以精准地面向不同的着装需求。人们还把洗涤用品分为洗发、洗面、沐浴、洗衣、洗碗、洁厕、去污等不同种类商品，精准对接不同客户群。

（1） 你还想到哪些"精雕细琢"的例子呢？
（2） "精雕细琢"方法还可以用在哪里？请尝试写一写，看看能不能创造一个新产品。

第3卷
创新方法

知识介绍　　　　方法12：伸缩自如

解释： "伸缩自如"是通过扩大与缩小、延展与压缩、展开与折叠进行革新的技巧。

案例1： "伸缩"的革新案例很多，在方法8中，照相机伸缩支架、拉杆箱的把手也同时属于"伸缩"的革新技巧范畴。人们常常佩戴的眼镜，也属于此类革新，人们使用时打开两个眼镜腿架在两个耳朵上，不用时可以折叠缩小放到眼镜盒里。人们常用的雨伞，平时就折叠缩小后放到伞套里，在使用时才打开。人们常用的婴儿车，在使用时打开，不用时可以折叠缩减占用的空间。折叠椅、瑞士军刀、伸缩卷尺等，都应用了"伸缩自如"的革新技巧。

创新小白实操手册

折叠雨伞

案例2： 生活中的伸缩设计比比皆是，如可折弯的伸缩吸管、伸缩扶梯、折叠灯笼、折叠扇等，都属于此类革新。

伸缩吸管

（1）你还想到哪些"伸缩自如"的例子呢？
（2）"伸缩自如"方法还可以用在哪里？请尝试写一写，看看能不能创造一个新产品。

解释： "留有余地"是在设计与革新的过程中留出冗余方案或给出冗余量的手法，避免因为主系统崩溃而造成损害。该革新技巧可提升系统的可靠性和可持续性。

案例2： 汽车上设计了多条逃生通道，以便乘客遇到紧急情况时顺利逃生。除了逃生通道，还预备了可以砸碎玻璃的安全锤等。

汽车的安全锤

飞机上的双发动机

案例1： 飞机上的双发动机是"留有余地"革新技巧的典型案例。当两台发动机中的一台发动机失效，另一台还能保证飞机的动力。

（1）你还想到哪些"留有余地"的例子呢？

（2）"留有余地"方法还可以用在哪里？请尝试写一写，看看能不能创造一个新产品。

第3卷

创新方法

73

知识介绍

方法14：草船借箭

解释： "草船借箭"是通过借能、借势、借力的形式进行革新的技巧。例如，人造系统可利用大自然中的能量进行革新。

案例1： 人类通过"借能"进行革新的案例十分丰富，如火力发电、燃油发电、燃气(天然气)发电、核电、风力发电、光伏发电、海浪发电、水力发电等。

案例2： 降落伞是"借能"的例子，高空跳伞将势能转化为空气与伞壁的摩擦热能以及动能。马桶的水箱浮球利用了水的浮力。

风力发电

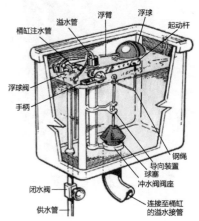

马桶的水箱浮球

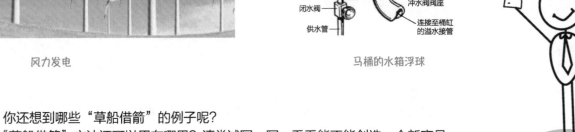

（1）你还想到哪些"草船借箭"的例子呢？
（2）"草船借箭"方法还可以用在哪里？请尝试写一写，看看能不能创造一个新产品。

创新小白实操手册

 方法15：五味俱全

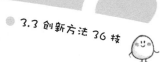

知识介绍

解释： "五味俱全"即通过人的嗅觉、味觉和触觉等的变化进行革新的技巧。这一革新通过给感官带来享受或者刺激，以产生某种功效。

可乐饮料

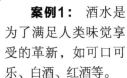

案例1： 酒水是为了满足人类味觉享受的革新，如可口可乐、白酒、红酒等。

案例2： 煤气泄漏报警器是非常重要的燃气安全设备，是"味变"革新的产物。在煤气中加入有异味的气体，是为了警示人们煤气泄漏。

煤气泄漏

（1）你还想到哪些"五味俱全"的例子呢？
（2）"五味俱全"方法还可以用在哪里？请尝试写一写，看看能不能创造一个新产品。

第3卷

创新方法

知识介绍

方法16：须弥芥子

解释： "须弥芥子"是通过"维变"来进行革新的技巧。我们所指的"维变"是广义的，既有通过升维、降维手段进行的革新，又有通过增强、消减、变速等手段进行的革新，旨在为创造物改变功效，创造价值。

案例1： 世界上"维变"的创新案例有很多。3D打印技术使平面打印变成立体打印，这就是从2D打印到3D打印的"维变"。平面电视只能看平面图像，随着立体电视等形式的电视出现，人们可以看到逼真的立体图像了。

案例2： 当今时代，"维变"创新的商业模式越来越多，过去写信需要信封、信纸、邮票，还要邮筒、邮局、邮递员，才能完成信息传递，现在通过计算机传递数字信息十分快捷。过去购物需要到银行取钱，用钱购物，现在可以用支付宝、微信支付。以上是"维变"变革成功的案例。

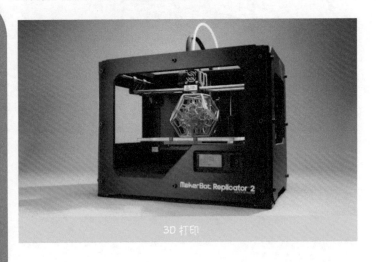

3D 打印

电子邮件

（1）你还想到哪些"须弥芥子"的例子呢？
（2）"须弥芥子"方法还可以用在哪里？请尝试写一写，看看能不能创造一个新产品。

创新小白实操手册

知识介绍　　方法17：滴水成冰

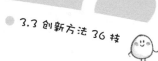

解释： "滴水成冰"是指通过相位转化、化学反应而进行革新的技巧。

案例1： 冰箱利用介质的液气相变过程循环带走热量，不断制冷。加湿器通过水蒸气来增加干燥空气的水分和湿度。

加湿器

水泥

案例2： 水泥的凝结和硬化，是一个复杂的物理 — 化学过程，其根本原因在于构成水泥熟料的矿物成分本身的特性。水泥熟料矿物遇水后会发生水解或水化反应而变成水化物，由这些水化物按照一定的方式靠多种引力相互搭接和联结形成水泥石的结构，产生强度。简单说就是水泥粉末在与水接触之后发生复杂"相变"，最后变得十分坚硬，成为建筑上不可或缺的材料。

（1）你还想到哪些"滴水成冰"的例子呢？
（2）"滴水成冰"方法还可以用在哪里？请尝试写一写，看看能不能创造一个新产品。

第3章
创新方法

知识介绍

方法18：偷梁换柱

解释： "偷梁换柱"是通过材料变化来实现功效变化进行革新的技巧。

案例1： 早期人类用树皮书写，后来改为用竹简书写，再后来发明了纸张，现在出现了电子书写板。

电子书写板

铝制厨具

案例2： 铝是常用的让设备轻型化的材料。铝是一种环保的"绿色金属"，具有良好的可加工性、物理性能、力学性能及耐蚀性。因其优异的综合性能，大到重要的航空航天器，小到包装容器、锅碗瓢盆，都离不开铝。

（1）你还想到哪些"偷梁换柱"的例子呢？
（2）"偷梁换柱"方法还可以用在哪里？请尝试写一写，看看能不能创造一个新产品。

创新小白实操手册

方法19：上下左右

解释： "上下左右"是指通过位置变化、方向变化、角度变化而进行革新的技巧。

案例1： 人们发明了许多运动器材，如跑步机、塑形器械，都应该算作"位变"革新的产物。人们通过"位变"，还创造了很多娱乐手段，如九连环，多米诺骨牌和魔方等。

跑步机与魔方

蜗轮蜗杆

案例2： 很多复杂的机械设备，都离不开最简单的机构，如齿轮、蜗轮蜗杆、连杆等，"位变"革新存在于这些简单的机构中。

案例3： 中国象棋与围棋，以及国际象棋等，都属于通过"位变"给人们带来乐趣，帮助人们锻炼智力的发明。

中国象棋与围棋

（1）你还想到哪些"上下左右"的例子呢？
（2）"上下左右"方法还可以用在哪里？请尝试写一写，看看能不能创造一个新产品。

第 3 章
创新方法

知识介绍

方法20：曹冲称象

解释： "曹冲称象"是通过改变参照物、参数、数量、强度等而进行革新的技巧。

案例1： 模拟驾驶是 "参变"的一种，它又被称为驾驶仿真或虚拟驾驶。模拟驾驶让体验者位于一个虚拟的驾驶环境中，使其感受接近真实效果的视觉、听觉和体感的汽车驾驶体验。模拟驾驶游戏让玩家在无限趋近真实环境的城市里模拟驾驶汽车，汽车类型包括轿车、卡车、救护车、赛车、公共汽车等各种车型，甚至还可以设计一辆属于自己的车辆。除了模拟驾驶汽车，火车、轮船、飞机都可以开发出模拟驾驶软件和硬件设施。模拟驾驶具有效果逼真、节能、安全、经济，不受时间、气候、场地的限制，驾驶训练效率高、培训周期短等优势，在新车型开发和驾驶培训方面应用十分广泛。

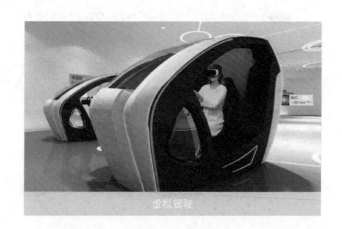

虚拟驾驶

变流器与音乐喷泉

案例2： 在电器 "家族"里，改变参数的调节系统比比皆是，例如让声音变化的功率放大装置，让温度变化的控制系统，让电流变化的变流器，让光管颜色变化的变色系统等都是典型的例子。一个音乐喷泉，既让水流喷射的强度和方向不断变化，又让灯光和音乐随之变化，更是一种综合的多维 "参变"系统。

（1） 你还想到哪些 "曹冲称象"的例子呢？
（2） "曹冲称象"方法还可以用在哪里？请尝试写一写，看看能不能创造一个新产品。

方法21：五光十色

解释： "五光十色"是通过改变创造物色彩的方式进行革新的技巧。

案例1： 色彩和人类的感觉密切相关。人们在布置自己的房间时会因为自己的喜好而选择颜色。人们把不同的色彩染在布上，制作出漂亮的服装。

彩色斑斓的服饰

红绿灯

案例2： 人类在生活中创造了很多通过色彩进行安全提示的标识。红色代表禁止，黄色代表警示，蓝色代表安全提示，绿色代表一般性安全提示。例如路口常见的红绿灯。

（1） 你还想到哪些"五光十色"的例子呢？
（2） "五光十色"方法还可以用在哪里？请尝试写一写，看看能不能创造一个新产品。

第3章 创新方法

知识介绍

方法22：千形万态

解释： "千形万态"是指通过改变形态、形状以及样式进行革新的技巧。这种变革不是"质"的变化，而是"形"和"型"的变化，由此为创造物改善功效，创造价值。

案例1： 对于残疾人、老人等行动不便的特定群体，穿鞋是一件很麻烦的事，为了解决这个棘手问题，有人设计了一款没有鞋带，不分前后向，无左右脚区别的"红鞋"，这种"形变"为特殊群体穿鞋提供了方便。

案例2： 在椅子腿上增加滚轮，变成滑轮椅，可以让椅子的搬动更便捷；普通楼梯变成旋转楼梯，可以节省室内空间。从古代的毛笔，到铅笔，到钢笔，再到圆珠笔，"形变"让书写更便捷。

红鞋

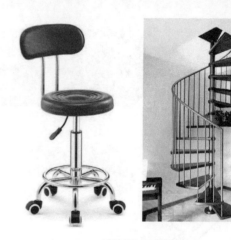

滑轮椅与旋转楼梯

（1）你还想到哪些"千形万态"的例子呢？

（2）"千形万态"方法还可以用在哪里？请尝试写一写，看看能不能创造一个新产品。

创新小白实操手册

知识介绍

方法23：五音六律

解释： "五音六律"是通过声音、音调变化而进行革新的技巧。

案例1： 五花八门的乐器利用"音变"进行革新，如中国传统乐器中的古筝、琵琶、唢呐等，又如西方乐器中的提琴、钢琴、风琴、管乐器等。

五花八门的乐器

消防车的报警器

案例2： 工业领域也利用"音变"革新来服务人类生活，如具有提醒功能的蜂鸣器，具有报警功能的警报器，放大声音的扩音器等。汽车的喇叭、火车和轮船的鸣笛、救护车和警车的报警器发出的声音不同，人们可以通过声音的不同来加以区分。

（1）你还想到哪些"五音六律"的例子呢？
（2）"五音六律"方法还可以用在哪里？请尝试写一写，看看能不能创造一个新产品。

第3章

创

新

方

法

知识介绍

方法24：格物穷理

解释： "格物穷理"是指通过原理、机理和机制的变化进行革新的技巧。

照明灯的演变

电动车

案例1： 照明灯的演变体现出了"理变"革新，早期人们使用蜡烛，后来有了煤油灯，人们又发明了白炽灯，之后又创造了日光灯，如今又出现了LED灯。

案例2： 车辆的"动力原理"的变革是进步的根本。从烧煤的蒸汽机车，到用柴油作燃料的柴油车，再到用电作动力的电动车，都体现出了"理变"革新。

（1）你还想到哪些"格物穷理"的例子呢？

（2）"格物穷理"方法还可以用在哪里？请尝试写一写，看看能不能创造一个新产品。

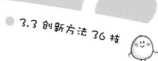

解释： "牵肠挂肚"是指通过联动、连锁、反馈而进行革新的技巧。

案例1： 机械上大量运用"联动"的原理进行变革，如链条传动、齿轮传动以及皮带传动等。消防联动也是典型的复杂联动系统，包括烟气传感、报警、自动喷淋等，其中，仅自动喷淋系统就是一个联动系统。

自行车上的链传动

声光音乐喷泉的联动

案例2： 人们喜爱的声光音乐喷泉也属于"联动"革新的产物。当音乐响起来，喷泉随着音符跳跃，灯光随着音符变换颜色，整体是一个"联动"的体系。

（1）你还想到哪些"牵肠挂肚"的例子呢？
（2）"牵肠挂肚"方法还可以用在哪里？请尝试写一写，看看能不能创造一个新产品。

第 3 章
创
新
方
法

知识介绍

方法26：接连不断

解释： "接连不断"是一类通过连接、连通、对接等来实现革新的技巧。"接连不断"是世界上不可或缺的变革技巧。

火车的挂钩连接

案例1： 生活中存在各种"连接"，如花键轴将不同轴体通过花键联结在一起，火车的挂钩将两节车厢连在一起，汽车离合器将汽车的发动机与变速器连接在一起。有些"连接"也很有意思，如3M公司发明的办公用品"即时贴"，帮助人们做备忘录，而且方便撕掉用过的纸张。

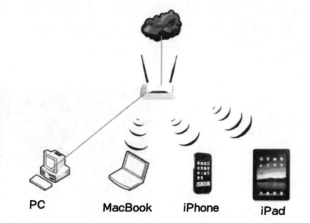

PC MacBook iPhone iPad

无线信号"连接"

案例2： 广义上的"连接"还包括无线电技术和蓝牙技术，它们将不同地域的设备在空间上通过无线信号"连接"起来，完成了跨越式的"连接"变革。

（1） 你还想到哪些"接连不断"的例子呢？

（2） "接连不断"方法还可以用在哪里？请尝试写一写，看看能不能创造一个新产品。

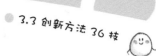
知识介绍　　　方法27：一反常态

解释： "一反常态"为突破常规，在逆向和反向思维下进行革新的一种技巧，虽然与"含沙射影"里的反射、对冲、反弹有雷同之处，但其革新的重点在于突破常规，朝着相反的方向尝试，力求达到常态思维下所不能企及的功效。

火箭的发射

案例1： 喷气式飞机是"反向"革新的典型案例，直升机是利用螺旋桨的气流反冲作用来驱动的，而喷气式飞机则更是利用气流的反冲作用来驱动的。"反向"革新还应用于火箭、轮船、电风扇、抽油烟机和水泵等。

野生动物园

案例2： 在大部分动物园中，动物被关在笼子里或者围栏里；在野生动物园中，人们在牢笼般的车子里，看动物自由自在地游荡。

（1）　你还想到哪些"一反常态"的例子呢？
（2）　"一反常态"方法还可以用在哪里？请尝试写一写，看看能不能创造一个新产品。

知识介绍

方法28：跌宕起伏

解释： "跌宕起伏"是一种关注脉动、振动和脉冲方向的革新技巧。跌宕起伏是一种自然现象，一方面人类要学会测量和感知；另一方面，人类还要学会将起伏、振动和脉冲制造出来为自己服务。这也是"跌宕起伏"革新举措的意义所在。

无线电信号

案例1： 无线电信号是当代人类文明的重要发明，无线电电报、无线电广播、无线电图像传播电视相继出现。后来，人们利用"脉动"原理进行革新，发明了超声波清洗机、振动筛、振动均匀器、振动传输带、振动洗牙器等。

微波炉

案例2： 微波炉是共振技术的典型应用。食物中水分子的振动频率与微波大致相同，微波炉加热食品时，炉内产生很强的振荡电磁场，使食物中的水分子受迫振动，发生共振，将电磁辐射能转化为热能，从而使食物的温度迅速升高。微波加热技术是对物体内部的整体加热技术，完全不同于以往的从外部对物体进行加热的方式，这极大地提高了加热效率，且有利于环保。

（1）你还想到哪些"跌宕起伏"的例子呢？
（2）"跌宕起伏"方法还可以用在哪里？请尝试写一写，看看能不能创造一个新产品。

创新小白实操手册

解释： "虚虚实实" 是通过创造、导入或者改变介质、媒介等而进行革新的技巧。

案例1： 人类最早利用 "介质" 的革新案例也许是兽皮，人类通过打猎获取猎物，剥下兽皮用来当褥子，躺在上面睡觉更舒服，与此同时，人类用兽皮做成衣裤御寒或者遮羞。后来人们学会了纺纱织布，用棉花、蚕丝等作为 "介质" 或填充物来取暖，或者用来 "包装" 和 "美化" 自己。人们还利用 "介质"，设计出弹力枕头，使日常生活更加舒适。

弹力枕头

案例2： 人类还有很多类似的发明，如汽车里的安全气囊，一旦发生碰撞会自动弹出，将人体与坚硬的汽车硬件隔绝。再如充气食品或者真空包装，可以让食品与外界空气隔绝，起到防止腐败，或者防止被外界坚硬物压坏的作用。

安全气囊

（1） 你还想到哪些 "虚虚实实" 的例子呢？
（2） "虚虚实实" 方法还可以用在哪里？请尝试写一写，看看能不能创造一个新产品。

方法30：丢卒保车

解释： "丢卒保车"是一种舍尾求存、舍小得大的革新技巧。万事不可求全，总会是有得有失。必须要舍得，敢于放弃。有所不为，才能有所为。

案例1： 在方程式赛车赛场上，人们增加人力交换时间，创造了赛车式检修模式。为了快速解决赛车的问题，人们通过多人分工，并行处理，如有的人拆轮胎，有的人安装零件，有的人加油，可以让检修时间控制在十几秒内。舍去的是人力，换得的是时间。

赛车式检修

扶手电梯与保温瓶

案例2： 在现实生活中还有大量广义"舍得"创新的例子。人们为了舍去空间来换回时间和力气，发明了电梯；人们舍去空间换来能源，发明了太阳能面板和发电设施；人们舍去空间换来温度，发明了保温瓶；人们舍去能源换人力，就发明了各类机器取代人力；人们舍去材料换温度，发明了羽绒服、保温墙等；人们舍去能源换资源，发明了海水淡化装置；人们还发明了电解铝、电解镁装置，舍去的是能源，换得的是材料。

（1） 你还想到哪些"丢卒保车"的例子呢？
（2） "丢卒保车"方法还可以用在哪里？请尝试写一写，看看能不能创造一个新产品。

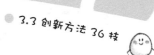

解释： "否极泰来"是中国古代哲学思想的精髓，也是革新思维不可或缺的要素，与之相对应的手段包含变废为宝、变害为利、互补等。这一革新手段是告诉我们，所有负面的事物均可转化为有利的事物，所有的废弃之物都可以变成有用之物。我们要善于在不利条件下创造出有利环境，深度挖掘，变害为利，变废为宝。

案例1： 养鸡的人都很发愁鸡粪如何处理，但对有经验的人来说，鸡粪是不可多得的宝贝。经过微生物发酵后，鸡粪可以养殖蛆、黄粉虫和蚯蚓，这些虫子是鱼类和禽类的上等饲料，经过这些虫子处理过的鸡粪也会变成优质有机肥。

鸡粪变有机肥

案例2： 变废为宝的"革新"还有很多，如将废纸收集做成再生纸，将废塑料收集做成再生塑料，将废油回收做成再生油脂，将废水回收过滤沉淀和处理变成饮用水，将海水淡化变成淡水等。

饮料罐改造的飞机模型

（1）你还想到哪些"否极泰来"的例子呢？
（2）"否极泰来"方法还可以用在哪里？请尝试写一写，看看能不能创造一个新产品。

知识介绍

方法32：含沙射影

解释： "含沙射影"是贬义词，传说一种叫蜮的动物，在水中含沙喷射人的影子，使人生病，比喻暗中攻击或陷害他人。作为革新技巧，我们将其贬义去掉，选取其故事中的反射、对冲、反弹等意思。这也是革新中不可或缺的手段或者技巧，在人类革新实践中的运用也十分广泛。

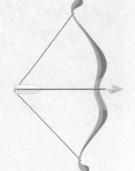

弓箭与弹弓

案例1： 人们创造了弓箭、弹弓来打猎。与此同时，枪支中的撞针也是利用了"反射"的原理。提起"反冲"革新，最典型的属于喷气式飞机、火箭枪炮的发明了，它们的出现多应用了"反冲"的原理。

潜望镜

案例2： 镜面利用了"反射"原理，如凸面镜、四面镜、潜望镜、万花筒、汽车后视镜等。

（1）你还想到哪些"含沙射影"的例子呢？
（2）"含沙射影"方法还可以用在哪里？请尝试写一写，看看能不能创造一个新产品。

知识介绍　　方法33：前车之鉴

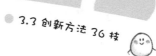

解释： "前车之鉴"的变革技巧在于借鉴前人的经验，为我所用，类似的技巧包括嫁接、移植、模拟等。要重视前人的研究成果，要将其有用的内容继承到后来的革新之中。

滑雪板与冲浪板

案例1： 人类发明雪橇、滑雪板用以在雪地里运动，还发明滑水板在水上运动，又发明滑草板在草上运动。这些发明都借鉴了"平板"的原理。

一次性被单与医用围裙

案例2： 当人们发明了可以收集婴儿尿液，防止尿湿裤子和床铺的"尿不湿"纸尿片，就马上联想到妇女的生理卫生需要，使用同样的原理和类似的材料发明了女士卫生巾。借鉴无纺布的功能，人们又设计制作了卫生口罩、头罩、一次性被单、一次性内裤和医用围裙等。

（1）你还想到哪些"前车之鉴"的例子呢？

（2）"前车之鉴"方法还可以用在哪里？请尝试写一写，看看能不能创造一个新产品。

第3章 创新方法

知识介绍

方法34：势不可挡

解释： "势不可挡"是指一种造势、顺势，利用某种"场势"能量的变革技巧。所谓势，是一种能量，如势能、动能、化学能等。势也称为场，包括能量场、磁场、电场、引力场、离心力场、无线电场等。势可以是跨越时空的，可以利用不同的场创新出很多的产品。

磁悬浮列车

案例1： 人类自从发明了电，发现了电磁现象，电磁算是另外一种"场势"，被人类所利用。随之而产生大量的连带发明，包括磁铁、电磁炉、微波炉等。电磁领域的延伸性革新导致了变压器的发明和磁悬浮列车的发明。变压器的原理是通过交变磁场，将电力通过不同电压来传输。磁悬浮列车利用了磁的排斥原理。

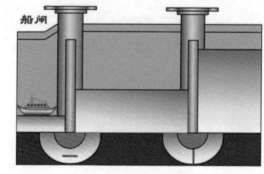

江河上的过船闸

创新小白实操手册

案例2： 江河上的过船闸利用地心引力产生势能，可以让船舶在水的浮力托举下，通过不同高度的河床。方便残疾人通行的无障碍通道，将不同高度的地面做成斜坡，便于行车。水电站利用河床的不同势差，让水流冲击水轮机发电。

（1）你还想到哪些"势不可挡"的例子呢？
（2）"势不可挡"方法还可以用在哪里？请尝试写一写，看看能不能创造一个新产品。

方法35：相互依存

解释： "相互依存"是通过寄生、附着、伴生、共生、互补等方式完成的革新手段。这种"相互依存"往往存在主体和辅体非对等的关系，即以何为生存主体，以何为依附个体。当然，也有并无主次的相互依存和共生共伴关系。

 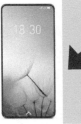 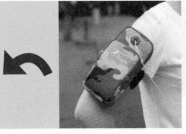

案例1： "寄生"。人类发明了图书，和"书"相关的产品就应运而生，如书架、书桌、书签、书包等；手机的出现，也让一些衍生产品出现，如手机贴膜、手机套、手机链、手机袋等。

手机套、手机袋与手机的"寄生"关系

案例2： "伴生"。 牙刷和牙膏是相互伴生的产品。早期人类发明牙刷是为了清洁牙齿上的牙垢。为了使清洁更彻底，也为了起到防腐的作用，人类发明了牙粉。人类用牙刷粘上牙粉刷牙，效果更好，而且可以使口气清新。后来人类就发明了各式各样的牙膏。牙膏中最重要的三种成分是摩擦剂、洗涤剂与香料。之后人类发明了电动牙刷，通过牙刷的振动，让刷牙的效果更好，但仍然离不开各种各样的牙膏。

牙刷与牙膏的"伴生"关系

（1） 你还想到哪些"相互依存"的例子呢？
（2） "相互依存"方法还可以用在哪里？请尝试写一写，看看能不能创造一个新产品。

知识介绍

方法36：天罗地网

解释： "天罗地网"是一种启发人们进行"结网"的革新技巧，人们可以通过编织、联络、组织、网罗等手段，形成产品、构件或者系统。有狭义的网络，如渔网、筛子等；也有广义的网络，如电网、水网、公路网、铁路网、互联网、物联网等。在网络领域，蕴含着无限的革新空间。

网球拍、筛子与鸟笼

案例1： 生活中有很多关于"结网"的案例，有筛子、笊篱、篱笆、鸟笼等。

全球互联网

案例2： 当人们有了网络思维之后，就出现了更广义的网络，甚至是看不见的网络，如电网、互联网、通信网、物联网、广播网络、电视网络、远程会议系统以及互联网等。人们还把网络的革新用在水网、公路网、铁路网、煤气网、石油网的设计上。

（1） 你还想到哪些"天罗地网"的例子呢？
（2） "天罗地网"方法还可以用在哪里？请尝试写一写，看看能不能创造一个新产品。

36个创新方法的综合应用

某项创新可能具有很多创新属性，是某几项创新方法的集合体。创新者不必要拘泥于应用了多少或者何种创新方法，要重点关注创新的效果。下表以智能电梯为例，假设我们要发明一种智能电梯，看看可能会选择什么创新方法。当然，这样的电梯还未面世，希望今后某家电梯生产商能够运用我们提供的思路来发明一款真正的智能电梯。

智能电梯创新方法选择表

创新目标描述	智能电梯，根据门外是否有人来决定是否停层	
选择革新技巧	标志符号	技巧运用解释
曹冲称象		改变参照物，通过传感器对电梯门外的红外发热物体进行测试，看有无移动的红外物体，或者对移动的影像进行测试，看是否有动态的影像
牵肠挂肚		将测试信号与电梯控制系统连接，参考门外电梯按钮是否被按下。当门外电梯按钮被按下，如果门外无移动的红外影像或者光学影像，在电梯内无人按钮前提下，则不停梯，继续保持运行
势不可挡		红外发热场或者影像发射场的建立和识别
留有余地		只要门外按钮已经按下，门外变化的信号存在，即使信号微弱，倾向于开门而非继续行进。在传感器失灵状况下，保持传统电梯控制方式

第3章

创

新

方

法

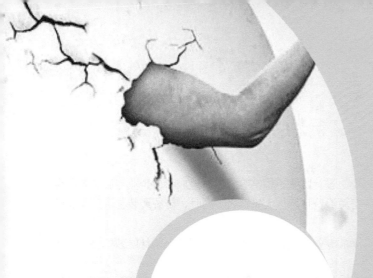

第4章 专利申报

绿魔方 —— 基于 AI 技术及环保新材的展装定制专家

我国会展市场规模巨大，增速快，展装市场容量过千亿。但由于行业分散，企业规模小，设计团队不稳定等因素，造成参展企业与展装制造企业沟通不顺畅，成本高昂。传统展装大多以木材、衍架为材料制造一次性展装，造成严重资源浪费且产生大量垃圾。同时，传统展装制造过程非标准化，为需求方与设计方带来极大的不便利，一个设计周期往往长达15天。

面对此问题，来自广州某高职院校的一群在校学生，组建了"绿魔方"团队，运用所学的专业知识，研发了标准化的环保新材展装模块，完成了以环保新材展装标准模块为基础、智能展装服务系统为核心的绿色展装整体解决方案。

项目的核心优势在于，基于乐高颗粒组合概念，利用环保纸板材料，研发标准化的展装模块及连接构件，仅利用12个基本单元和快速拆装结构即可形成三千多种展装模型，所用材质防水阻燃、坚固耐重、结构安全、符合国际标准。搭建与拆除过程去工具化，快捷方便，节省大量劳动力。

同时，绿魔方团队开发了智能展装服务系统，为参展商、设计师、其他供应商搭建一个多方联动的服务系统。

该项目目前拥有1项发明专利、2项软件著作权、10项实用新型专利和9项外观专利授权。该项目已对接6家材料供应商、签约200余位设计师，服务了50余家参展企业。这些企业参加了广交会、深圳文博会、上海针博会等大型展览。疫情期间，该项目团队为广大中小企业提供绿色展装解决方案，为企业搭建自有直播展厅，助力企业实时在线参展。

在第六届中国国际"互联网+"大学生创新创业大赛中，该项目获得了职教赛道创意组的国赛银奖、省赛金奖，随后更获得众多投资人的青睐。

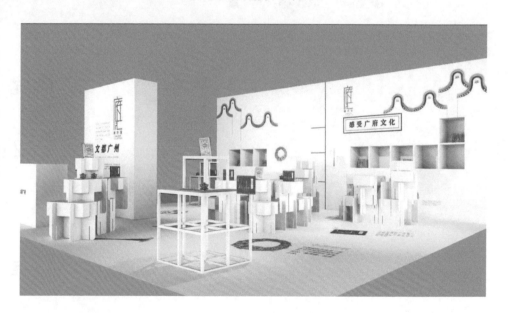

启发案例

4.1 专利的价值

1个专利，20年"躺赚"5亿元

1个专利，20年"躺赚"至少5亿元！中国有一个真正的"专利大王"，它便是深圳市朗科科技有限公司（以下简称"朗科科技"）。

公开资料显示，朗科科技成立于1999年，主营业务为计算机软硬件、移动存储产品、数码影音娱乐产品等，拥有多项知识产权和技术专利，在移动存储和无线数据领域居全球领先地位。朗科科技于1999年11月14日成功申请优盘专利，作为早些年间的消费者手中最常用的移动存储设备，优盘为朗科科技带来无数利益。

2004年时，朗科科技优盘获得广东省工商行政管理局颁发的"广东省著名商标"，2004年和2006年分别在美国和韩国获得闪存版基础性发明专利授权。随后多年，三星、索尼等生产优盘的世界巨头都要向朗科科技缴纳专利授权费。

朗科科技不仅仅靠收取专利授权费提升盈利，还靠数年间大大小小的专利诉讼来收取专利费。在2018年全年盈利中，朗科科技的专利费仍占了总利润的50%。

如今云存储、云计算飞速发展，传统移动存储业受到了巨大的冲击。专利到期的朗科科技前途未知，但回望优盘的20年，它在滚滚向前的时代洪流中稳坐高台，成为专利的竞争与价值运用最大化的优秀样本。

第4章 专利申报

创新小白实操手册

专利、专利权的概念

专利（Patent)，从字面上看是指专有的权利和利益。"专利"一词来源于拉丁语Litterae Patentes，意为公开的信件或公共文献，是中世纪的君主用来颁布某种特权的证明，后来指英国国王亲自签署的独占权利证书。

在现代，专利一般是指由政府机关或者代表若干国家的区域性组织根据申请而颁发的一种文件，这种文件记载了发明创造的内容，并且在一定时期内产生这样一种法律状态，即获得专利的发明创造在一般情况下他人只有经专利权人许可才能予以实施。在我国，专利分为发明、实用新型和外观设计三种类型。

专利权（Patent Right），简称"专利"，是发明创造人或其权利受让人对特定的发明创造在一定期限内依法享有的独占实施权，是知识产权的一种。我国于1984年公布《中华人民共和国专利法》，1985年公布该法的实施细则，对有关事项作了具体规定。

专利权是指专利权人在法律规定的范围内独占使用、收益、处分其发明创造，并排除他人干涉的权利。专利权具有时间性、区域性、公开性及独占性。

此外，专利权还具有如下法律特征：

（1）专利权是两权一体的权利，既有人身权，又有财产权。

（2）专利权的取得须经专利局授予。

（3）专利权的发生以公开发明成果为前提。

（4）专利权具有利用性，专利权人如不实施或不许可他人实施其专利，有关部门将采取强制许可措施，使专利得到充分利用。

为什么申请专利

创造竞争优势，增强企业的竞争能力。企业的发展离不开技术进步，而研制、开发、采用新技术，都需要专利的保驾护航。

鼓励发明创造，激励技术创新。申请专利并获得授权，不仅能激励企业研制、开发、引进新技术和新产品的投资热情，鼓励企业开展自主技术创新，给企业带来发展热情，而且也有利于调动职工和科技人员从事发明创造的积极性。

维护企业合法权益，加强国际交流合作。对企业而言，自己研发的技术，如果不申请专利获得专利权，那么一旦在市场上遭到他人侵害，就无法通过法律有效地维护自己的权益。

知识介绍

专利的特征

独占性 **区域性** **时间性** **公开性**

独占性，也称专有性、排他性、垄断性。它是指在一定时间（专利权有效期内）和区域（法律管辖区）内，任何单位或个人未经专利权人许可都不得实施其专利；对于发明专利和实用新型专利，即不得为生产经营目的制造、使用、许诺销售、销售、进口其专利产品；对于外观设计专利，即不得为生产经营目的制造、许诺销售、销售、进口其专利产品，否则属于侵权行为。

区域性是指专利权是一种有区域范围限制的权利，它只有在法律管辖区域内有效。除了在有些情况下，依据保护知识产权的国际公约，以及个别国家承认另一国批准的专利权有效以外，技术发明在哪个国家申请专利，就由哪个国家授予专利权，而且只在专利授予国的范围内有效，而对其他国家则不具有法律的约束力，其他国家不承担任何保护义务。但是，同一发明可以同时在两个或两个以上的国家申请专利，都获得批准后其发明便可以在所有申请国获得法律保护。

时间性是指专利只有在法律规定的期限内才有效。专利权的有效保护期限结束以后，专利权人所享有的专利权便自动丧失，一般不能续展。发明随着保护期限的结束而成为社会公有的财富，其他人便可以自由地使用该发明来创造产品。专利受法律保护的期限的长短由有关国家的专利法或有关国际公约规定。世界各国的专利法对专利的保护期限规定不一。

专利权的公开性是指，专利权的获得以向社会公开技术为条件，发明创造人若想获得专利权必须向社会公开其技术方案。《中华人民共和国专利法》第三十四条规定："国务院专利行政部门收到发明专利申请后，经初步审查认为符合本法要求的，自申请日起满十八个月，即行公布。国务院专利行政部门可以根据申请人的请求早日公布其申请。"该法将公布技术方案作为专利权授予的前置条件，是为了在保护专利权人的同时使他人能够从公开的技术方案中获得技术信息和启迪，从而促进研究和技术的发展进步。

第4卷

专利申报

知识介绍

发明专利

创新小白实操手册

保护期限为自申请日起20年

《中华人民共和国专利法》第二条第二款对发明的定义是:

"发明,是指对产品、方法或者其改进所提出的新的技术方案。"

所谓产品是指工业上能够制造的各种新制品,包括有一定形状和结构的固体、液体、气体之类的物品。所谓方法是指对原料进行加工,制成各种产品的方法。发明专利并不要求它是经过实践证明可以直接应用于工业生产的技术成果,它可以是一项解决技术问题的方案或是一种构思,具有在工业上应用的可能性,但这也不能将这种技术方案或构思与单纯地提出课题、设想相混同,因单纯地提出课题、设想不具备工业上应用的可能性。

发明是指对产品、方法或者其改进所提出的新的技术方案,主要体现新颖性、创造性和实用性。取得专利的发明又分为产品发明(如机器、仪器设备、用具)和方法发明(制造方法)两大类。

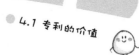

知识介绍

实用新型专利

保护期限为自申请日起10年

《中华人民共和国专利法》第二条第三款对实用新型的定义是：

"实用新型，是指对产品的形状、构造或者其结合所提出的适于实用的新的技术方案。"同发明专利一样，实用新型专利保护的也是一个技术方案。但实用新型专利保护的范围较窄，它只保护有一定形状或结构的新产品，不保护方法以及没有固定形状的物质。实用新型的技术方案更注重实用性，其技术水平较发明而言要低一些，多数国家实用新型专利保护的都是比较简单的、改进性的技术发明，可以称为"小发明"。

授予实用新型专利不需经过实质审查，手续比较简便，费用较低。因此，关于日用品、机械、电器等方面的有形产品的小发明，比较适用于申请实用新型专利。

第4卷

专利申报

知识介绍

外观设计专利

创新小白实操手册

保护期限为自申请日起10年

《中华人民共和国专利法》第二条第四款对外观设计的定义是：

"外观设计，是指对产品的形状、图案或者其结合以及色彩与形状、图案的结合所作出的富有美感并适于工业应用的新设计。"并在《中华人民共和国专利法》第二十三条对其授权条件进行了规定："授予专利权的外观设计，应当不属于现有设计；也没有任何单位或者个人就同样的外观设计在申请日以前向国务院专利行政部门提出过申请，并记载在申请日以后公告的专利文件中。"相对于以前的专利法，最新修改的专利法对外观设计的要求提高了。

外观设计专利的保护对象是产品的装饰性或艺术性外表设计，这种设计可以是平面图案，也可以是立体造型，更常见的是这二者的结合，授予外观设计专利的主要条件是新颖性。

启发案例

4.2 我的创新可以申报专利吗

"应急口罩"新发明，迅速提高口罩5~15倍产能

新型冠状病毒肺炎疫情大规模暴发之后，口罩不仅是医护人员的基本用品，也成了大众出行必备的防护用具。然而，面对每日约10亿只的市场需求，当时我国口罩最大产能为每日2000万只，供需严重不匹配。疫情暴发后，即使各口罩生产商加班加点生产，口罩供应依然远远不能满足需要。

2020年2月，海南拍拍看信息技术有限公司董事长陈明发发明了"一种应急口罩"，该口罩只具备主体部分，没有安装耳绳和鼻梁条，口罩主体部分左右两端分别开设有耳绳孔，厂家可以把耳绳和鼻梁条作为散件免费提供给消费者，由消费者自己安装。口罩可采用卷筒包装，犹如一大卷卫生纸，每卷500~2000只，使用时用剪刀剪断即可。口罩生产商只需更换模具，无须新增设备，3~5天后就可实现高效生产，并能实现迅速提高现有产能的5-15倍。一旦大规模投产，将可大大缓解口罩紧缺局面。

据悉，该发明已向国家知识产权局提交了专利申请。而且，为应对新型冠状病毒肺炎疫情的紧张态势，发明人陈明发和专利申请人决定：战胜本次新冠肺炎疫情之前，免费许可现有口罩工厂使用本专利。

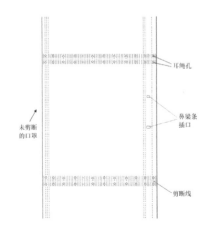

知识介绍

如何知道自己的创新想法是否是首创

第一步

百度、淘宝

先上百度、淘宝查一查，多变换几个关键词。如果已有同类产品，看一看大家的想法有什么差异。

第二步

专利检索

专利性检索是在专利申请提交之前实施的。专利性检索可以帮助专利律师或代理人评估一项发明是否可以获得专利，并发现与评估有关的专利文献和非专利文献。

何时需要进行专利性检索

在准备和提交专利申请之前，实施专利性检索会很有价值。检索结果将帮助申请人判断是否需要寻求专利保护，并指出审查过程中可能出现的问题。

专利性检索还可以帮助专利申请的撰写人在不触犯已知现有技术的前提下构建权利要求书，获得尽可能大的保护范围。换句话说，通过检索人员发现的相关专利和出版物，权利要求书撰写人可以判断可能获得保护的绝对范围。

专利性检索需要检索什么内容

因为任何有关的书面证据都可能影响发明的新颖性和非显而易见性，所以应当检索完整的专利说明书、权利要求书，以及所有可能得到的技术出版物和非技术出版物（如产品说明书和会议论文集等），包括专利申请日以前的所有书面材料；如果申请尚未提交，则是当前所有的书面材料。检索范围和投入时间则根据可支配时间、预算以及相关信息的公众可得性决定。

创新小白实操手册

分析工具

专利检索及分析

4.2 我的创新可以申报专利吗

专利检索常用网站

1.中国专利公布公告网 http://epub.sipo.gov.cn/

2.专利检索及分析网　http://pss—system.cnipa.gov.cn/

3.中国及多国专利审查信息查询网　http://cpquery.cnipa.gov.cn/

第4章

专利申报

启发案例

以一种杯子的创新为例

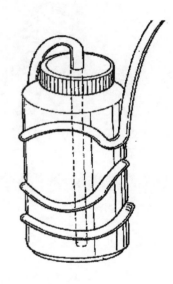

一种包括杯体、杯盖和螺旋式吸管的杯子，吸管顶端作为吸水口，吸管最下端作为进水口。其特征在于：该螺旋式吸管贴着杯子外壁设置。

解决的技术问题： 防止吸管脱落；防止杯壁磕碰。

技术领域： 杯子。

对现有技术的改进： 螺旋式吸管、吸管贴着杯子外壁。

根据上述描述，在专利检索及分析网上搜索，从而看出是否有创新。

分析工具

专利检索及分析

国际专利分类法是国际上通用的专利文献分类法。用国际专利分类法分类专利文献（说明书）而得到的分类号，称为国际专利分类号，通常缩写为IPC号。

IPC采用了功能和应用相结合，以功能性为主、应用性为辅的分类原则。采用等级的形式，将技术内容注明：部——分部——大类——小类——大组——小组，逐级分类形成完整的分类体系。

依据某一种产品的国际分类，就可以很容易地检索出本产品所属技术领域的专利信息了。

在"对现有技术的改进"一列，通过专利检索网站进行检索及分析，若就我们提出的创新想法没有检索出相关技术的专利，即可撰写专利。

<table>
<tr><td rowspan="2">表达</td><td colspan="2" rowspan="2"></td><td>技术领域</td><td colspan="2">对现有技术的改进</td></tr>
<tr><td>杯子</td><td>螺旋式吸管</td><td>吸管贴着杯子外壁</td></tr>
<tr><td></td><td colspan="2">专利分类号（IPC）</td><td>A47G19/22,19/23,19/00
A45F3/16,3/18,
3/20,3/00</td><td>A47G21/18,21/00</td><td>A47G19/22, 19/00
A47G21/18, 21/00</td></tr>
<tr><td></td><td colspan="2" rowspan="2">关键词</td><td>杯，瓶，容器……</td><td>吸管，管，缠绕，螺旋，盘绕，
弯，曲，转……</td><td>壁，绕，贴，围……</td></tr>
<tr><td></td><td></td><td>Cup,Bottle,
Container……</td><td>Straw,Sucker,Wind,
Spiral,Coil*,Heli*,Screw,
Spire,Worm……</td><td>Wall,Shell,Convolve,
Encompass*……</td></tr>
</table>

第4卷 专利申报

专利检索及分析

● 根据你的创新想法，搜索专利网站，填写下列表格。看一看，你的想法是否具有首创性？

表达		技术领域	对现有技术的改进
	IPC 分类号		
	关键词		

4.3 专利撰写

专利挖掘的概念

专利挖掘是指在技术研发或产品开发中，对所取得的技术成果从技术和法律层面进行剖析、整理、拆分和筛选，从而确定用以申请专利的技术创新点和技术方案。简言之，专利挖掘就是从创新成果中提炼出具有专利申请和保护价值的技术创新点和方案。

专利挖掘工作让科研成果得到充分保护，从而使科研过程中付出的创造性劳动得以回报，是一项极富技巧的创造性活动，是将技术创新以申请专利的形式确定下来，成为企业的无形资产。专利挖掘工作要建立在对技术创新的把握基础之上，是对技术创新的后续工作，能够充分体现企业或者单位的创新能力。经专利挖掘后形成的专利，则是企业单位宝贵的无形资产。

（1）通过专利挖掘，可以更加准确地抓住企业技术创新成果的主要发明点，对专利申请文件中的权利要求及其组合进行精巧设计，既确保相关专利权利要求保护范围尽可能大，又确保权利要求的法律稳定性，提升了专利申请的综合质量。

（2）通过专利挖掘，可以对技术创新成果进行全面、充分、有效的保护，全面梳理并掌握可能具有专利申请价值的各主要技术点及其外围的关联技术，避免出现专利保护的漏洞。

（3）通过专利挖掘，可以站在专利整体布局的高度，利用核心专利和外围专利相互结合进行组合、卡位，形成严密的专利网，一方面培育巩固企业自身的核心竞争力，另一方面与竞争对手形成有效对抗甚至在相关技术要点上构成反制。

（4）通过专利挖掘，可以尽早发现竞争对手有威胁的重要专利，便于企业进行规避设计以规避专利风险。简言之，对于企业而言，做好专利挖掘，有利于实现法律权利和商业收益最大化、专利侵权风险最小化的目标。

知识介绍

发明和实用新型专利撰写技巧

创新小白实操手册

技术交底书需依次回答清楚下面三个问题：

Q1：现有技术中存在的技术问题？

Q2：本发明创造采用何种技术方案解决问题？

Q3：该技术方案带来的技术效果有哪些？

【例】

A1：一种杯子，使用易烫手。

A2：为了解决烫手问题，在杯体设置把手。

A3：拿杯方便不烫手。

分析工具 　**实用新型/发明专利的技术交底书撰写步骤**

1.发明创造名称

发明名称应简单、明了，使用规范术语，一般不超过25字，不得使用人名、地名、商标、型号或商品名等。

【例】一种水杯。

【例】一种乐扣乐扣水杯。

2.背景技术

简单介绍相关的背景技术，并说明背景技术的不足之处在哪里？

【例】现有的水杯只有一个杯体，当盛放开水时，用手去拿水杯易烫伤手。此外，由于杯体是光滑的，在手湿的情况下去拿水杯容易使水杯滑落摔碎。

3.本发明创造的技术方案

本发明要解决的技术问题是什么？采用什么技术方案来解决该技术问题？

【例】一种杯子，使用易烫手。为了解决烫手问题，在杯体上设置把手。

—— 涉及结构的，请用文字结合相应的附图来说明，介绍清楚零部件的形状、位置及它们之间的连接关系。

注意：涉及的零部件均需使用专有名称或本领域技术人员熟知的名称；涉及的非常见英文、缩写均需有详细注释；涉及的附图请尽量用CAD文件的格式准备电子版，立体图可以图片、PRO-E格式文件或其他形式提供。

—— 涉及方法的，请按具体步骤一步一步说明，必要时请画出流程图并结合流程图做详细介绍。注意交待清楚其中涉及的条件、设备和处理方法等。

第4章 专利申报

分析工具　**外观专利技术交底书撰写步骤**

XX外观设计专利

1.产品名称

2.产品用途

3.产品图片

1）就立体产品的外观而言，产品设计要点涉及六个面的，应当提交六面正投影视图及立体图；产品设计要点仅涉及一个或几个面的，应当提交所涉及面的正投影视图和立体图。

2）就平面产品的外观而言，产品设计要点涉及一个面的，可以仅提交该面正投影视图；产品设计要点涉及两个面的，应当提交两面正投影视图。

3）必要时，还应当提交该外观设计产品的展开图、剖视图、放大图以及变化状态图。

（若产品图片是使用AutoCAD等软件制作的，或者是实物照片，请另行提供原图片文件。）

举例

1.产品名称

××智能模块底座

2.产品用途

替换传统空间开关位，拥有模块组合功能，无线充电，NFC，数据传输，电子设备供电。

3.产品图片

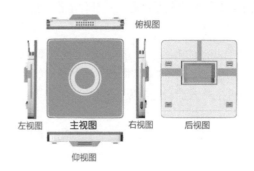

俯视图

左视图　主视图　右视图　后视图

仰视图

立体图常看到三个面
45°立体图

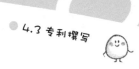

知识介绍

专利申请流程图

4.3 专利撰写

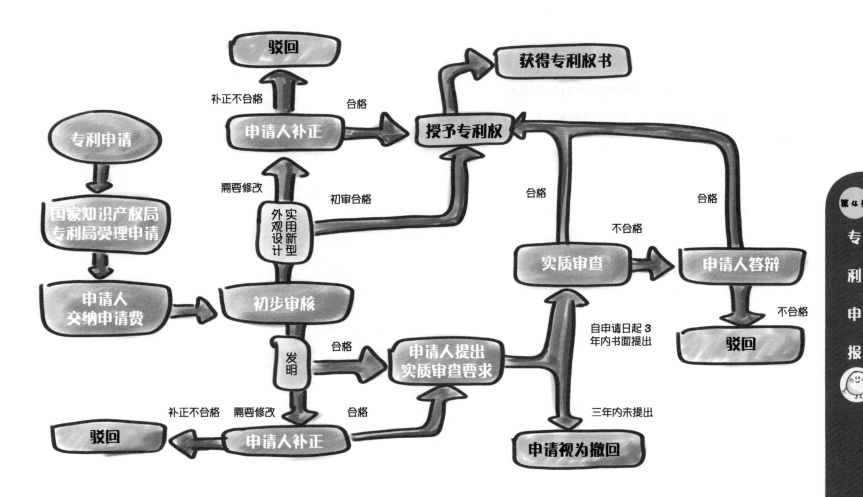

第4章 专利申报

应用练习

（1）小组讨论。

　　根据自己小组的项目，思考该如何进行专利挖掘。

（2）以自己的项目为基础，依次回答清楚下面三个问题，并填写下表。

　　Q1：现有技术中存在的技术问题？

　　Q2：本发明创造采用何种技术方案解决问题？

　　Q3：该技术方案带来的技术效果有哪些？

创新小白实操手册

4.4 专利布局

高性能纤维的外围专利封堵

芳砜纶是由上海纺织控股（集团）公司下属的上海市纺织科学研究院和上海市合成纤维研究所的三代研究人员历经30年之久，自主研制出来的我国首个原创高性能纤维，其最显著的特点就是耐高温，可以用于阻燃、过滤、绝缘。随后，上海纺织控股（集团）公司、上海市纺织科学研究院、上海市合成纤维研究所联合申请了"芳香族聚砜酰胺纤维的制造方法"专利，保护该原创纤维技术。

但是，美国某竞争公司得知此消息后，随即在美国申请了13件围绕该纤维的下游产品的专利，与其他下游厂商常用的材料混合，形成阻燃、过滤、绝缘等材料。这样，与上海纺织（集团）公司合作的下游厂商如果使用该公司的纤维材料进行生产，都会侵犯美国某竞争公司的专利。最后，下游厂商迫不得已都只能去买美国某竞争公司生产的替代性产品。

芳砜纶纤维阻燃布

芳砜纶纤维绝缘纸

第4章

专利申报

知识介绍

专利布局的概念

专利布局是指企业综合产业、市场和法律等因素，对专利进行有机结合，涵盖了企业利害相关的时间、地域、技术和产品等维度，构建严密高效的专利保护网，最终形成对企业有利格局的专利组合。

作为专利布局的成果，企业的专利组合应该具备一定的数量规模，保护层级分明、功效齐备，从而获得在特定领域的专利竞争优势。

企业进行专利布局通常会涉及四个主要的部门或内部主体：知识产权管理部门、公司管理层、市场部门和研发部门（技术部门）。其中，知识产权管理部门在整个专利布局过程中起主导和推动作用。

专利布局的整体策略

保护式布局

一般是围绕企业自身的技术创新活动开展的，主要目标是对企业技术创新成果以及应用这些成果的产品提供充分的专利保护屏障，确保企业在该成果上的技术控制和竞争优势，提高竞争对手的规避设计难度和研发成本。

对抗式布局

是围绕竞争对手在某些关键技术上的专利，实施封堵式或突围式的布局，意图在一定时间内减轻或消除竞争对手在特定技术领域或特定地域范围内的专利威胁。

储备式布局

这种专利大多拥有前瞻性技术和提前圈地性质的技术方案，是为企业未来发展做储备的。其专利来源包括：

1）因各种原因暂时未进行产业开发的创新成果。

2）储备式技术研发中形成的创新成果。

专利布局的基本原则

专利布局是专利战略思想的体现和延伸，是一个为达到某种战略目标而有意识、有目的的专利组合过程。任何一家企业的专利战略都是根据自身实际情况，为了解决自身实际问题而采取的针对性策略，因此企业的专利部署行为只有对象和目标明晰、策略和方法得当，才能带来大量具备实际运用价值的专利资源。

从保护和竞争角度出发，综合考虑多种因素，合理选择专利的类型、布局地域、申请和公开时间。
也可围绕不同的竞争需求，灵活地选择不同的专利布局模式，如通过并购、购买、联盟等方式扩展自身专利来源。

在体系性的专利布局规划下，企业获得的将不再是若干离散的专利，而是围绕于特定的技术、产品，由具备一定内在联系，能够互相补充、有机结合、整体发挥作用的多个专利集合形成的专利组合。

企业在开展专业布局时，需要考虑专利价值。可通过技术的原创程度、影响范围、市场竞争力、技术发展趋势、所处的产业链位置等进行评估。此外，证明存在专利侵权的难易也应成为专利布局的一个参考指标。

专利布局的总体目标是对企业自身发展战略和商业模式形成有力的支撑。因此，围绕企业专利布局的目的，选择具体的专利布局方式和布局策略，是开展专利布局工作的首要原则。

"产品未动，专利先行"，企业的专利申请和部署是为了能够在未来的市场竞争中形成有利格局。企业在进行专利布局规划时要具有前瞻性，在专利布局策略上要瞄准未来市场的控制力和竞争力。

在实际开展专利布局时，企业需要考虑自身的技术优势，有重点地进行突围。首先应确保方向正确，要紧紧围绕企业差异化的技术竞争优势来开展，通过个别布局点位上的突破来推动企业整体专利竞争优势的提升。

策略性　目的性
体系性　前瞻性
基本原则
价值性　实效性
匹配性　针对性

产业的运行规律、产业地位、市场体量、技术发展阶段、产品发展阶段等不同，决定了企业在进行专利布局时需制定不同的方向。

可基于特定的运用场景、竞争对手、关键技术、竞争地域，有针对性地开展专利布局。

知识介绍

专利布局的一般流程

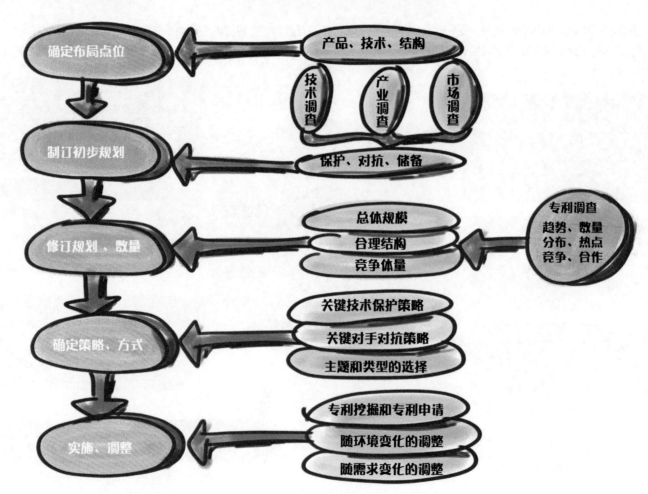

确定布局点位 ← 产品、技术、结构

技术调查　产业调查　市场调查

制订初步规划 ← 保护、对抗、储备

修订规划、数量 ← 总体规模 / 合理结构 / 竞争体量 ← 专利调查 趋势、数量 分布、热点 竞争、合作

确定策略、方式 ← 关键技术保护策略 / 关键对手对抗策略 / 主题和类型的选择

实施、调整 ← 专利挖掘和专利申请 / 随环境变化的调整 / 随需求变化的调整

多孔炭产品的基础专利设计

某企业发现了一种制备高活性多孔炭的方法，具体工艺是以稻壳为原料，经过高温炭化后选择特定的酸清洗后获得。如果仅从实现手段出发，可以在高温炭化处理以及酸洗步骤的具体实现方式上扩展、替换等形成若干专利。但是，无论怎么扩展，替换，受限于技术人员的思维惯性，很难进行穷举式保护。但是，进行深入分析后会发现，高活性的获得是因为其微观多孔洞结构发生改变，而微观多孔洞结构之所以能够发生改变是因为酸与原料中的X元素的转化和去除，而其外在表现归结为处理后原料中X元素的含量下降。因此如果将X元素含量的变化作为关键特征形成专利，则可以覆盖任何能够实现这种变化的手段。

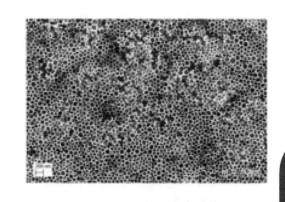

知识介绍

专利布局的结构与模式

技术结构

技术结构是任何一种专利布局的基础要素结构。技术具有延续性、关联性和应用性等特点，因此，在考虑专利布局的技术结构时，也主要是从上述三个方面考虑。专利布局的具体结构包含纵向结构、横向结构和枝蔓结构。

产品结构

一般而言，产品是技术的最终应用形态，也往往是技术的应用性和关联性的直接体现，产品的更新换代和技术的纵深发展之间也是相互促进、互为因果的关系。因此，专利布局在围绕具体技术层面，考虑技术结构的同时，也必然需要考虑围绕产品的层面的布局结构。

价值结构

专利布局的目标之一是获得高价值的专利资产。这种价值的高低可以通过专利的诉讼、许可、出售等过程中的显性收益来体现，或参比同类专利在这些过程中的显性收益多少来体现，也可以通过对竞争对手和模仿者所产生的市场准入限制效应发生的规模大小、地域广度和时间长度来体现。

地域结构

基于专利制度的地域性特点，任何一件专利所能发挥的作用都是限定在特定地域范围内的。基于用户习惯、风俗、生活环境、商业规则等地域差异，很多产品的成功也往往是和地域的特点结合在一起的。因此，从专利布局的时效性角度看，在从技术、产品和产业链等角度明确了布局点位后，专利布局的地域结构的选择是实现专利价值的重要因素。

结构要素

专利布局的结构与模式

时间结构

基于专利申请本身和保护具有限定期限的特点，以及技术和产业发展的时间演进特性，在专利布局时必须考虑其时间结构。对专利布局时间结构进行合理设计的主要目的在于，平衡专利保护期的有限性与产业成长发展的漫长性之间的矛盾，使专利申请的时间步伐尽可能地贴近技术产业化的步伐，既不过早地泄露技术研发动向，也不丧失对关键技术点的占位时机，从而为其核心技术尽可能地争取最为有利的保护时间。

类型结构

根据技术方案自身的特点、重要程度以及保密程度，企业可以选择发明、实用新型、外观设计三种不同的专利保护形式，也可以选择商业密码的方式进行技术成果的保护。

权利结构

无论是单件专利还是同族专利，专利布局所最终形成的是以若干权利要求为代表的、确定了保护范围的专利权利。保护范围的大小取决于这些权利要求中关于技术特征的组合方式，以及这些权利要求彼此之间的组合方式，这些组合方式构成了专利布局的权利结构。

来源结构

一般情况下，企业的专利布局以对自身的原始创新、跟随式创新、集成创新等研发成果的挖掘所形成的专利为主。除此之外，还可以包括在委托开发、合作研发中获得的具有专利权或共有专利权的专利，也可以包括通过购买、并购方式所获取的专利，以及其所在的各类企业联盟中成员彼此共享的专利。

知识介绍

专利布局经典策略模式

特定的阻绝与规避设计

特定的阻绝是指仅用一个或几个专利来保护特定用途的发明，申请与维护成本较低。缺点是竞争对手容易利用规避设计来避开专利的效力。也有人称这种专利布局策略为"狙击者策略"。

例如，三星公司在与苹果公司的第一轮诉讼中被判定其所有涉案的产品均对US7469381构成侵权。但三星随后修改了其产品的设计，从而有效地规避了该专利。

策略型专利

专利权拥有者想要保有竞争优势，就应该避免让竞争对手有规避设计的机会，否则该专利就容易完全失去价值。策略型专利是一个具有较大阻绝功效的专利，像是某特定产品领域所必需的技术或是路障性专利，其具有阻碍性高、无法规避设计的特点。也有人称这个专利布局策略为"阻塞策略"。

例如，惠普和佳能等公司针对其激光打印机的耗材接口进行的专利布局就具有这类性质，其目的就是排斥其他厂商生产与其打印机兼容的，但价格相对低廉的耗材。

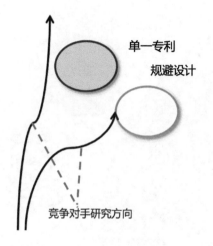

单一专利

规避设计

竞争对手研究方向

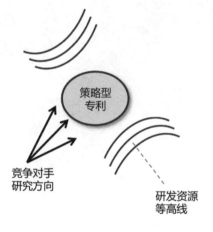

策略型专利

竞争对手研究方向

研发资源等高线

专利布局经典策略模式

地毯式专利布局

如果没有策略型专利，也可以形成地毯式专利布局。例如，有系统地在每一个步骤中用专利来形成地雷区，以阻断竞争者进入。而对于强行侵入技术领域的竞争对手，也可以通过专利诉讼的方式将其逐出该领域。

地毯式专利布局模式一般可用于不确定性高的新兴技术，或是专利的重要性尚未明朗化的时期，该种布局需要有足够的资金以及研发能力的配合。缺乏系统性的专利布局则容易演变为专利泛滥，无法发挥预期效果。

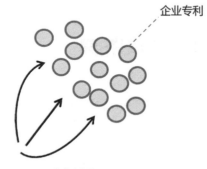

专利围墙

专利围墙是利用系列式的专利形成对竞争对手研发的阻碍。例如，一项与化学相关的发明，将其化学方程式、分子设计、几何形状、温度等范围的变化都申请专利保护，形成一道围墙，以防止竞争对手有任何缝隙刻意回避。当许多不同的技术解决方案都可达到类似功能的结果时，可考虑专利围墙的布局模式。

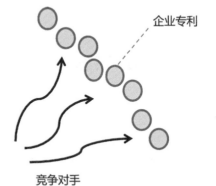

知识介绍

专利布局经典策略模式

包绕式专利布局

包绕式专利布局是以多个小专利包绕着竞争对手的重要专利，这些小专利本身的价值或许不高，但其组合却可以阻碍竞争对手重要专利的有效商业应用。例如，以各种不同的应用来包绕基础型专利，很可能就使得基础性专利的价值荡然无存，当竞争对手有基础性专利时，就可以透过包绕式专利作为交互授权谈判的筹码。另外，如果企业本身有重要的基础性专利，应先自行通过研发形成自己的包绕式专利布局，避免竞争对手采取该模式。

组合式专利布局

以各种结构和方式形成如网络状的组合式专利布局，可强化技术保护的强度或成为谈判有利的筹码。所采取的子结构中，包绕式专利布局模式就是一个可供参考的模式之一，以一个基础性专利，外围包绕几个次要的应用型专利，甚至以多个包绕式专利布局形成紧密的专利网络，阻绝竞争者的研发方向。

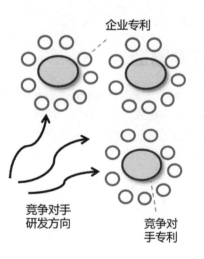

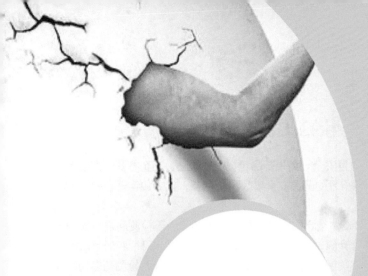

第5章 为创新创业创造条件

5.1 成功创业团队的基本特征

5.2 创业团队的顶层设计

5.3 创业资源获取与拼凑

英赛特智能慧眼 —— 制药包装缺陷在线检测专家

药品安全关乎每个人的身体健康和生命安全，而药品的包材容器，直接关系到药物的质量安全。如果药品包材出现缺陷，药企将要面临整批退货以及15倍的高额罚款乃至关停歇业。我国每年输液瓶消耗量达102亿瓶，因药瓶质量问题引发的药品安全事故不断增长，仅2019年就有90万例。为此，药企渴望得到有效的解决方案。

英赛特团队，由一群年轻的高职在校生组建的创业团队，针对上述难题研发了一套软硬件结合的设备，综合解决药瓶缺陷检测问题。他们发明了一套药瓶姿态调整机构，稳定药瓶；采用独特的光路设计，巧妙运用高亮背光和球积分光源，排除反光干扰；利用可扩展的特征匹配算法和深度学习算法，对瓶底的显著、细微缺陷精准快速识别，最多可一次检测十三种缺陷类型，完美解决缺陷检测难题。设备在运行期间检测药瓶1000万个，无漏检发生，各项性能指标均远超旧设备。每条产线每年可以节省超过130万的成本。

项目目前已成立公司，申请相关专利12项、软件著作权2项，设备得到多家第三方机构的鉴定与认可，公司获得700万的风险投资资金，并签订了124万元意向订单。在第六届中国国际"互联网+"大学生创新创业大赛中，项目获得了评委一致认可，在职教赛道创意组中取得国赛银奖、省赛金奖的好成绩。

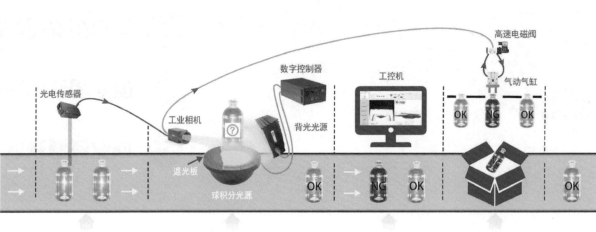

启发案例

5.1 成功创业团队的基本特征

小米团队的那些事

2010年，雷军启动小米项目——用互联网模式销售手机。雷军很清楚，创业无非三要素，人、事、钱，而人是最关键的，首要任务是组建极强的团队。但创业初期甚至连产品都没有，如何获得对方的信任呢？在最开始的半年，雷军花了80%的时间在找人，他列了很长的名单，下定决心一定要不惜血本去找核心人才。

雷军第一个找的是作为"李开复的左膀右臂"的林斌。两人约在咖啡馆，雷军摊开一张餐巾纸，在上面画小米的商业模式：先从开源的安卓操作系统切入，做好用户体验，等操作系统被用户接受了，再做手机，然后通过电商模式卖产品，最终靠软件和互联网服务来赚钱。最后还把他的笔记本掏出给林斌看，上面都是潜在的合作伙伴名单。林斌曾经在谷歌中国亲眼见证谷歌电商的失败，于是对电商模式能否做成、创业资金从哪里来，都很担忧。雷军以他做过卓越商城的经历力证电商能成功，又提出将出售自己在金山的股票作为投资。林斌被雷军的诚意所动，也卖掉了自己在谷歌和微软的大部分股票，投入到小米的创业中来。

两人分头继续找人。雷军找到在金山的老下属黎万强，他毕业于西安工程大学设计专业，从底层员工到设计总监，再到总经理，擅长用户界面和人机交互领域。林斌借机招得微软旧同事黄江吉，那时候黄江吉在微软带领研发团队，因研发团队重组而苦闷的黄江吉去找林斌诉苦，林斌趁机单刀直入，力劝黄江吉出来和他以及雷军一起创业。接着林斌又请来了在谷歌的老下属洪锋，专门负责移动互联网产品开发。2010年5月，在洪峰的推荐下，刘德加入了小米，刘德在工业设计界赫赫有名，是美国艺术中心设计学院建校80多年来招收的20多位中国毕业生之一，曾创办了北京科技大学工业设计系。工业设计、用户界面和人机交互、软件工程、移动互联网应用研发以及产品设计等人才已经聚齐，但唯独缺少做硬件的人才，这可万万不行。三个月时间里，雷军足足面试了上百人，还是没有找到合心意的人选。直到周光平的出现，才打破了这个局面。周光平从1995年开始就在摩托罗拉工作，是做手机方面的专家，但已经55岁。刚开始有人推荐他的时候，雷军觉得应该没戏。但事已至此，也只好试试，双方接连见面约谈好几次，直到有一天正在出差的雷军突然接到林斌电话说：周博士同意了。至此，雷军找到的小米六位联合创始人全部到位。

寻求团队合作的目的在于弥补创业目标与能力间的差距，发挥出"1+1>2"的协同效应。在保持企业高效动作的前提下，应当尽量精简初创团队成员，不惜代价也要把真正完美匹配的人员吸纳到团队中来。

第5章 为创新创业创造条件

启发案例

团队是创业之本

腾讯五虎

没有曾经的"腾讯五虎"，就没有今天的腾讯。腾讯创造出奇迹靠的是团队。1998年的秋天，马化腾和同学张志东"合资"注册了深圳腾讯计算机系统有限公司。之后又吸纳了三位股东：曾李青、许晨晔、陈一丹。马化腾在创立腾讯之初就和四个伙伴约定清楚：各展所长、各管一摊。马化腾是CEO（首席执行官）、张志东是CTO（首席技术官）、曾李青是COO（首席运营官）、许晨晔是CIO（首席信息官）、陈一丹是CAO（首席行政官）。

在企业迅速壮大的过程中，要保持创始人团队的稳定合作尤其不易。在这个背后，创始人马化腾一开始对于团队合作的理性设计功不可没。从股份构成上看，五个人一共凑了50万元，其中马化腾出资23.75万元，占了47.5%的股份；张志东出了10万元，占20%；曾李青出了6.25万元，占12.5%的股份；其他两人各出5万元，各占10%的股份。虽然主要资金都由马化腾出，他却自愿把所占的股份降到一半以下。"要他们的总和比我多一点点，不要形成垄断、独裁的局面。"而同时，他自己又一定要出主要的资金，占大股。"如果没有一个主心骨，股份大家平分，到时候也肯定会出问题，同样完蛋。"直到2005年，腾讯五虎创始团队还基本是保持这样的合作阵形，不离不弃。

在中国的民营企业中，能够像马化腾这样，选择性格不同、各有特长的人组成一个创业团队，并在成功开拓局面后还能依旧保持着长期默契合作是很少见的。而马化腾成功之处，就在于其从一开始就很好地设计了创业团队的责、权、利。

携程超级四人组

携程是国内OTA的翘楚，它们的团队接连打造了两家成功的企业。从1999年创立到2003年12月在纳斯达克上市，携程的上市之路仅仅用了四年。在联合创始人季琦的带领下，携程孵化的经济酒店品牌如家于2002年创立，并于2006年10月在纳斯达克上市，同样花了四年的时间。八年做出两家纳斯达克上市公司，可以称得上是一个奇迹了。硅谷有句话叫"一次是你运气好，两次才是真的实力。"这一切，归功于携程的"梦幻"团队。

携程是一家创立于1999年的互联网公司，创始人分别是：季琦、梁建章、范敏和沈南鹏。季琦是团队的实干者和推动者，毕业于上海交通大学。携程创立之初只有他是真正全职创业，在公司任总裁职位。梁建章，毕业于上海复旦大学少年班。毕业后赴美国留学，是计算机人才，2013年~2016年在携程担任CEO。沈南鹏，上海交通大学学士，耶鲁大学硕士毕业。他在加入携程之前，是个具有多年投资经验的银行家，之后在携程任总裁及首席财务官职位，并在2003年率领携程上市。范敏，上海交通大学毕业，加入携程前是国企旅行社总经理。这四个人男人资源互补、默契配合，再加上彼此宽容的心态，造就了一个强大的携程。

其实，中国有很多比梁建章聪明的企业家、比季琦更勇猛的创业者、比沈南鹏更精明的投资人，或者比范敏拥有更多体制内资源与关系的管理者。但很少有人能聚在一起，形成一个真正的"团队"。一个成功的企业离不开一个强大的创业团队。因此，找到属于自己的团队，和优秀的人一起合作，很多时候也是提高成功概率的重要法则。

（左侧竖排）创新小白实操手册

知识介绍

创业团队是创业的核心要素

美国著名的创业学家蒂蒙斯教授（Jeffry A. Timmons）提出的蒂蒙斯创业过程模型指出：创业过程是商业机会、创业团队和资源三个要素互相匹配和平衡的结果。团队是创业之本，从某种程度上说，创业团队是成功创业最核心的要素。

创业团队是为进行创业而形成的集体。它使各成员联合起来，在行为上形成彼此影响的交互作用，在心理上意识到其他成员的存在及彼此相互归属的感受和工作精神。这种集体不同于一般意义上的社会团体，它存在于企业之中，因创业的关系而连接起来却又超乎个人、领导和组织之外。

我更喜欢拥有二流创意的一流创业者和团队，而不是拥有一流创意的二流创业团队！
——"全球风险投资管理之父"乔治·多里特

领军人物好比阿拉伯数字中的1，有了这个1，带上一个0，就是10，两个0就是100，三个0就是1000。
——联想创始人 柳传志

第5章 为创新创业创造条件

优秀的创业团队为什么这么重要？因为创业是一个动态变化又充满不确定风险的过程。初创公司从成立那一刻起，就不断地面临产品、市场、竞争、融资等各种挑战。创业团队必须能在动态变化的环境中不断纠正航向，在不确定性中寻找到正确的方向，小步快跑，在减少试错的成本上不断改进策略。而团队成员需要有很好的互补性，因此，优秀的团队，尤其是创业经验丰富的团队可以大大降低创业失败的风险，对初创企业尤为重要。

创业的成功与失败，在很大程度上取决于创业者和团队的素质与经验。一次成功的创业，要求创业团队具备快速解决问题的能力、昂扬的创业激情及面对挫折永不言败的态度；要求创业团队有效利用手边资源，在不确定性中找到方向，用创意抓住机会，逐渐实现其价值。

知识介绍 | 创业者需要什么样的合伙人

寻找合作伙伴是初创企业奠定基石最重要的环节。合伙人不仅是老板，也是核心执行者。优秀的合伙人并非可遇不可求，只要目标清晰，方法得当，就能找到最佳合作伙伴。

最佳的创业伙伴最好能做到理念一致，优势互补。

理念一致：价值观、经营理念、发展目标相一致。合伙人之间有共同的价值观和认同感，朝着同一个发展目标努力。这些方面的一致有利于稳固合作关系，如果在未来创业过程中遇到问题，可以一起坚定地克服困难。

优势互补：建立优势互补的团队是创业成功的关键。优势包括了能力、性格与资源等几个方面。"主内"与"主外"的不同人才，耐心的"总管"和具有战略眼光的"领袖"，技术与市场两方面的人才，都不可偏废。创业者寻找团队成员，首先要弥补当前资源能力上的不足，要针对创业目标与当前能力的差距，寻找所需要的配套成员。这样，在创业过程中，大家能分别掌管不同的领域，才能起到事半功倍的效果。此外，创业团队还要注意个人的性格与看问题的角度，团队里必须有总能提出建设性意见和不断地发现团队问题的成员，一个都喜欢说好话的组织绝对不可能成为一个优秀的团队。

从一个完整的创业公司架构来看，运营、财务、营销与技术这几个方面都应该有能独当一面的人，因此初创者要考虑在这几个核心领域里设置合伙人，于是，首席执行官（CEO）、运营官（COO）、财务负责人（CFO）、营销官（CMO）和技术负责人（CTO）通常是不可或缺的。

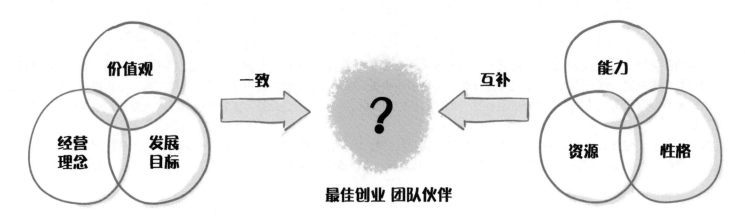

知识介绍

高效创业团队特征

当今世界拥有丰富的技术、大量的创业者和充裕的风险资本，而真正缺乏的是出色的创业团队。创建一个优秀的团队，是你面临的最大挑战。

——"风险投资之王" 约翰·都尔

高效团队的特征：

（1）团队任务目标一致，成员齐心协力，发挥团队最大潜能。

（2）团队具有高度凝聚力，成员同舟共济，共同承担风险与责任。

（3）成员间知识技能互补，人尽其用。

（4）成员间沟通顺畅，信息共享，彼此信任、尊重。

（5）成员对团队的事务尽心竭力，全方位奉献，具有高度的责任感。

（6）团队致力于创造企业价值。

（7）团队有公平合理的股权分配机制。

（8）团队成员能合理分享经营成果。

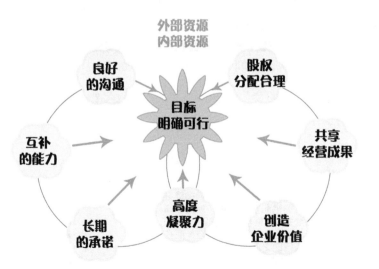

知识介绍

如何组织高效创业团队

Step1 创业目标与计划 当我们有了一个明确的创业目标后，首先应该做的不是找人，而是制定一个创业计划，并尽可能地多方验证其是否具有可行性。

Step2 找到合适的目标对象 带着这个计划，依据前文提到的标准，去寻找合适的创业团队目标人选。

Step3 了解潜在的合伙人 通过上一步骤，一般来说只能找到外在条件相匹配的目标对象，但是价值观以及个人内心的想法，还需要进一步的了解，如潜在对象的个人情况、学习热情、专业能力等。了解合伙人喜欢什么、不喜欢什么，不仅可以明确合伙人是否与公司相匹配，还可以及时采取相应措施来防止他产生不满情绪，产生跳槽的想法。

Step4 说服合伙人 向对方展示目前公司的发展情况以及未来的计划和打算，用共同愿景去吸引对方，说服他加入创始团队。科技界有一个著名的"卖糖水"段子。乔布斯看上了百事史上最年轻的总裁斯卡利，想让他到苹果公司来一起创业。他多次拜访斯卡利，把斯卡利带到放置 Mac 原型机的房间向他展示这一项了不起的发明，然后问他："你是想卖一辈子糖水呢，还是想抓住机会来改变世界？" 最终，斯卡利在乔布斯"共同愿景"的激励下，加盟苹果公司，决心改变世界。

Step5 明晰职权，建立管理制度 创业团队组建好以后，需要以制度的形式把职权、分工及合作方式等明确下来。最好建立动态调整机制甚至是退出机制，确保创业团队始终保有活力与干劲。

成功的创业团队没有固定的模式

关于角色

创业团队角色包括精神领袖、技术领袖和执行领袖。首先，精神领袖主导战略与方向的设计；其次，行动领袖主导管理与执行；而在设计与行动之间，需要技术领袖把精神转化为物质。

关于数量

人数过多本身就是一种内耗，沟通和协调的成本也会增大，在面临不确定性时，往往少数人的意见是正确的，因为领袖能看到大多数人看不到的方向。3 人可能是一个更加稳定的数字。

关于分工

有时候一个人可能扮演不同角色，例如很多精神领袖也是技术领袖。但一个人终究不能代表一个团队，不同成员之间的思维、性格、资源互补，为团队提供完善补充和实践验证。

RISKING创业者素质评价模型

如何判断自己是否具备创业者素质呢？可以使用RISKING创业者素质评价模型，它包括想法、资源、目标、关系网络、知识、技能及才智等七个方面。将这七个单词的第一个英文字母组合起来就是Risking，即风险，也暗示了创业是有风险的。

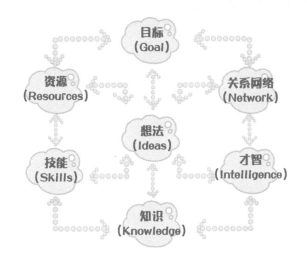

（1）**想法：**具有丰富的想象力，且能准确而生动地表达自己的想法，比别人更具创造性。

（2）**目标：**有明确的创业目标，并愿意为之付出较大的努力，有勇气和耐心实现目标并承担风险。

（3）**才智：**心态积极，能控制情绪，自律；遇事不逃避，主动解决问题；善于观察，注意细节。

（4）**技能：**具备专业技能、管理技能和行动技能，有过相应的技能运用经验。

（5）**知识：**拥有行业知识、专业知识以及创业相关知识，有着较为完备的知识结构。

（6）**资源：**有雄厚的资金和稳定的财务来源，能挖到合作伙伴，能雇佣到员工，可以获得充足的原材料。

（7）**关系网络：**具有影响他人的能力，善于与陌生人打交道，与各行业企业有联系。

RISKING 创业者素质评价模型七个方面的关键词

想法	目标	才智	技能	知识	资源	关系网络
市场	方向	智商	专业	行业	项目	合作者
价值	确定	情商	管理	商业	资金	服务对象
可行	集中	财商	执行	法律	团队	渠道
创新	执着	挫折商	领导	财务	其他	媒体

第5章 为创新创业创造条件

用RISKING创业者素质评价模型判断是否找对了合作伙伴

我们基于RISKING创业者素质评价模型的七个方面，设计了以下表格，帮助判断你是否找到合适的合作伙伴。请你根据实际情况，选择最符合他/她特征的描述，在相应的单元格里打钩，然后统计你各选项总数。

要素	具体描述	A 非常符合	B 比较符合	C 不确定	D 不太符合	E 很不符合
想法	他/她的想法通常比别人的更有价值，更有创造性					
	他/她具有丰富的想象力，并能把这些想法准确而生动地表达出来					
	他/她的想法并不是天马行空、泛泛而谈，而是切实可行的					
目标	与打工相比，他/她更渴望有一份属于自己的事业，哪怕付出较大代价也愿意为之奋斗					
	有一个很明确的创业目标，有耐心和勇气去实现					
才智	他/她每天都怀着积极的态度面对遇到的每一件事					
	他/她更倾向于主动把握契机和解决问题，而不是处于被动局面					
	他/她知道如何控制自己的情绪，不逃避、不放弃、不找借口、不归咎于其他人					
技能	对即将创业的领域，他/她有很好的专业背景和技术					
	他/她有过相关的实践经验，并有团队组织管理能力					

要素	具体描述	A 非常符合	B 比较符合	C 不确定	D 不太符合	E 很不符合
知识	了解创业项目的行业状况、竞争状态和相关法律法规等					
	掌握创业管理知识和专业技术知识，并有持续学习的能力					
资源	他／她拥有特殊的原材料、销售渠道等资源，而这些资源对创业项目来说不可或缺					
	他／她有合适的途径募集到项目资金					
	他／她的人脉能挖掘到理想的团队成员					
关系网络	他／她善于向媒体公众推销自己的想法，吸引别人的注意力					
	他／她与行业内竞争者更容易实现合作，而不是斗争					
	他／她与利益相关者，如上下游企业、政府、金融机构等有良好关系					

根据选项最多的结果，看看他/她的创业潜质是否适合加入你们团队：

A型：他/她适合创业和守业。如果他/她能全身心地投入创业事业，机会将是无限的，就看他/她如何把握了。

B型：他/她适合创业且比较符合创业的要求，但还需要不断地去完善自己，来保证自己与团队的发展同步。

C型：他/她具备一定的创业素质，但由于缺乏信心没能认清楚自己的这种能力，外界的影响会左右他/她的选择。

D型：他/她有创业意识但却不愿意创业，在风险和安稳之间他/她更倾向于后者。

E型：他/她不适合创业或根本就没想过创业，规避风险，倾向于安定生活，不善开拓，更适合做上班族。

启发案例

5.2 创业团队的顶层设计

1号店的股权更迭

2008年3月，于刚和刘峻岭注册成立上海益实多电子商务有限公司(以下简称1号店)，启动资金是创始团队投入的几百万元，不久公司又融资2000万元。1号店在创业前期依靠大资本投入，期待做大规模，打响市场知名度。然而，巨大的资本投入让1号店付出了代价。

2009年年末，1号店虽然快速扩张，但营业收入仍不足亿元，初期融资消耗所剩无几，如果业务快速扩大，后续需要巨额资金投入维持。当时若得不到及时注资，营业资金链将会枯竭，导致企业走向覆灭。于是困境中的1号店开始寻找投资方。

2010年，1号店与平安集团达成投资协议，中国平安最终通过收购非管理层股东股份和增资扩股结合的方式获得了1号店79.90%的股权。但双方仅合作一年，2011年5月便传出全球零售巨头沃尔玛入股1号店的消息。2012年2月，沃尔玛更是宣布增持1号店的股权至51%。2015年5月，创始人于刚和刘峻岭清退所有股份，辞去董事长职务并离开1号店。沃尔玛把1号店全部股权纳入囊中。2016年，沃尔玛又将1号店所有股权转让给京东。

于刚和刘峻岭创立1号店后，用了8年的时间陪伴公司经历了从小到大、从大到强的历程，进入了中国电商的第一梯队，成为TOP100品牌，最后却不得不黯然离场。创始人于刚的离开，其隐患始于2010年和平安的股权合作。创始人于刚与平安集团在股权合作时，一方缺钱和资源，一方给钱和资源，所以能快速"联姻"。然而，于刚并未深刻理解股权的深度关系，选择平安集团入股是为了熬过资本"寒冬"，加快扩展，最终目标是独立上市。而平安集团慷慨解囊投资1号店却并未将独立上市作为唯一目标。 由此可见，当时于刚忽视了自己与平安集团目标诉求的差异性，且错误地将公司掌舵手的位置让给了平安集团。最后，于刚等人只能选择离开1号店。

创新小白实操手册

知识介绍

初创企业的股权设计

股权是指股东享有的参与公司经营管理并获得利益的权利，叠加了股东财富和权利的双重诉求。

初创企业股权设计原则

1. 股权一定不能太分散。如果没有一个股东决策权超过50%，公司可能会长期无法形成有效决议。
2. 主动权一定要掌握在创始人自己手里，不要轻易把主动权交给投资人。
3. 合伙人的股权制度应该按照价值来划分，而不是靠情谊。
4. 股权分配要有法律意识，在充分了解法律对不同股权比例的权益保障后再决定股权分配。
5. 设定合伙人退出机制。依靠协议来保障权益。

67%

股权超过67%，绝对控股。一般事项和修改章程、增资扩股等重大事项都由该股东（或者几个股东约定的一致行动人）说了算。

51%

股权超过51%，实现相对控股，即多于1/2。一般事项可以由该股东说了算，如任命董事、对外投资担保等。

34%

34%，如果一个股东（或几个小股东加在一起）的股权没有超过34%，没办法说了算。但有一票否决权，有权否决股东会提议。

10%

10%，超过公司10%的股东（或联合起来超过10%）有权要求召开临时股东大会。也可以提议解散公司。

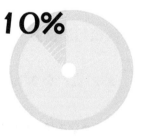

知识介绍

股权架构

在创业发展的不同阶段，创业者都会面临股权架构设计问题。

→ 团队创业第一天，就会面临股权架构设计问题（联合创始人股权设计）。

→ 公司早期要引入天使资金，会面临股权架构设计问题（天使融资）。

→ 公司有几十号人，要激励中层管理与重要技术人员和公司长期走下去，会面临股权架构设计问题（员工股权激励）。

→ 公司需要招兵买马，加速发展，引入A轮、B轮、C轮投资人以及IPO时，会面临股权架构设计问题（创业股权融资）。

→ 公司足够牛，需要把小公司做大，把老企业做新，也会面临股权架构设计问题（资本结构优化）。

创新小白实操手册

所有权	分红权	表决权
公司净资产增值权		选举管理权
建议与质询权	知情权	诉权
剩余资产分配权		优先认股权

案例：真功夫股权纠纷案

创始人最应关注控制权（表决权），所以在做股权架构设计的时候必须考虑到创始人控制权。除了分配较多股权以外，还可通过设立有限合伙企业持股、表决权委托、一致行动人协议等来达到保住控制权的目的。

合伙人关心的是，当创始人一意孤行的时候，自己手里有没有制衡的办法？例如，表决权超过（或合起来超过）10%，就可以召开股东大会，或提议解散公司。超过34%，就有了一票否决权。

核心员工的诉求是分红权，在早期做股权架构设计的时候需要把这部分股权预留出来，等公司处于快速发展阶段时，期权就能派上用场。

投资人追求高净值回报，对于优质项目，他们的诉求是快速进入和快速退出，所以在一定程度上说，投资人要求的优先清算权和优先认购权是合理诉求，需要创始人予以理解，但也需要对其可能产生的后果有充分认识（例如"张兰对赌鼎辉输掉俏江南"事件）。

真功夫餐饮管理有限公司的股权结构中，大股东蔡达标和潘宇海的持股比例均为41.74%。按照公司法规定，股东大会决议需过半数的表决权股东同意才有效，这样的持股比例容易造成公司无法形成任何决议的僵局。2003年开始，蔡达标担任公司总裁，因经营理念不同，再加上两人对调整持股比例协商不成，蔡达标开始实施"金蝉脱壳"，将真功夫的资产逐步非法转移，最后因触碰了法律的底线而锒铛入狱。而真功夫也因股权架构问题多次错失改组上市机会，大大影响公司业绩及发展。

初创企业股权设计容易产生的问题

创业早期，应采用简单的股权架构，股东最好不要超过5个。其中，一定要有"带头大哥"，确保快速决策。"带头大哥"的股权比重应当与其贡献匹配。以"罗辑思维"为例，罗振宇是"带头大哥"，付出很多努力，但罗振宇在公司中只占股18%不到，而另一股东申音却占股82%多，这样的股权分配对创始合伙人来说非常不合理。当然，预留合伙人期权池会是一个比较好的解决方法，如申音可以预留20%的期权池给罗振宇，双方达成共识，未来如果罗振宇将企业做到一定的高度，这20%可以无偿转给罗振宇。

一些常见的股权分配模式有：70%：30%和60%：40%（两个股东）；60%：30%：10%和51%：30%：19%（三个股东）。这些分配比例中，大股东与二股东拉开一定的股权比例差距，有助于公司决策，避免公司僵局。

股权设计需要考虑的因素很多，需要慎重对待。本书囿于篇幅，未能尽列所有内容，如创始团队的退出机制设计，分红权、决策权与股份分离的设计，期权池的设计，员工股权激励等问题，希望创业者保持敬畏，如有需要可以去查阅相关书籍（见书末附录），向专业人士请教。以下展示一些常见的由于股权分配不合理而产生的问题，帮助创业者避免一些初级错误。

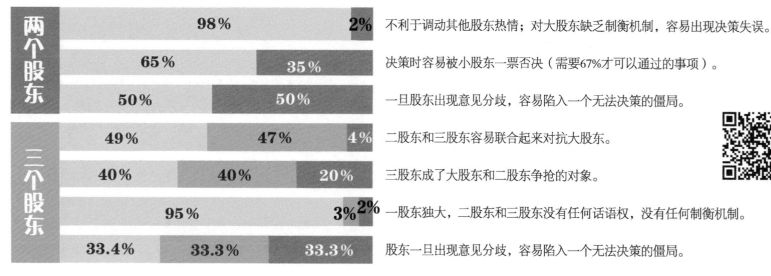

股份分配方案   可能导致的问题

两个股东

股份分配方案	可能导致的问题
98% / 2%	不利于调动其他股东热情；对大股东缺乏制衡机制，容易出现决策失误。
65% / 35%	决策时容易被小股东一票否决（需要67%才可以通过的事项）。
50% / 50%	一旦股东出现意见分歧，容易陷入一个无法决策的僵局。

三个股东

股份分配方案	可能导致的问题
49% / 47% / 4%	二股东和三股东容易联合起来对抗大股东。
40% / 40% / 20%	三股东成了大股东和二股东争抢的对象。
95% / 3% 2%	一股东独大，二股东和三股东没有任何话语权，没有任何制衡机制。
33.4% / 33.3% / 33.3%	股东一旦出现意见分歧，容易陷入一个无法决策的僵局。

知识介绍

技术入股

《中华人民共和国公司法》第二十七条规定："股东可以用货币出资，也可以用实物、知识产权、土地使用权等**可以用货币估价并可以依法转让的**非货币财产作价出资。"

因此，用专利，软件著作权等技术通过资产评估估价进行出资，合法取得公司股份，是可行的。而对于未包含在知识产权范畴内的技术，只要该技术可评估价值并依法转让，就是可以用作出资的非货币财产，如可口可乐的配方、特有的产品技术方案等。

操作流程：

技术估值	明确入股方式和标的	出资证明	交付技术
双方协商确定价格或者寻求第三方专业机构进行估值	明确技术入股的方式，约定交付文件及后续需要协助的工作	公司召开股东会以决议形式确认，然后出具出资证明，修改公司章程	把技术以可操作的文件形式交付给公司并协助公司的其他工作人员掌握该技术

需要注意的点：

（1）关于估值。

对于出资的技术未经评估或者股东间协商作价的，不影响技术出资股东取得公司的股东资格，但是若公司债权人认为技术出资股东未履行出资义务起诉到法院的，该股东用于出资的技术就会被法院指定的专业机构评估，若评估价值显著低于公司章程规定的价值的，技术出资股东需承担补充出资责任，其他股东承担连带责任，而此处的"显著低于"的范围由法院认定。

（2）技术入股的股份转让时需要交纳所得税。

个人以技术资产投资，属于个人转让技术资产和投资同时发生，对个人转让技术资产的所得，需要依法计算缴纳个人所得税。应按评估后的公允价值确认技术转让收入，转让收入减除该技术原值及合理税费后的余额为应纳税所得额。个人以技术资产投资，应于技术转让、取得被投资企业股权时，确认技术转让收入的实现。2016年《财政部 国家税务总局关于完善股权激励和技术入股有关所得税政策的通知》（财税〔2016〕101号）进一步规定，根据技术成果投资入股递延纳税政策，经向主管税务机关备案，投资入股当期可暂不纳税，允许递延至转让股权时，按股权转让收入减去技术成果原值和合理税费后的差额计算缴纳所得税。也就是说，只有到股份转让有收入的时候，再交税。

知识介绍

初创企业的股权设计

事项	量分	理由
初始基数	100	我们给每个创始人 100 份初始股作为计算基数。
担任项目发起人	+20~50	项目发起人可能是 CEO，也可能不是 CEO，但如果他发起了项目，召集大家一起来创业，他就应该可以额外得到更多股权。
迈出第一步	+20~100	如果某个创始人提出的概念已经着手实施，如已经开始申请专利，已经有一个演示原型，已经有一个产品的早期版本，或者其他对吸引投资或贷款有利的事情，那么这个创始人应该可以额外得到更多股权。
担任总经理	+10~50	CEO 作为对公司贡献最大，并最终负责的人，应得到更多股权。
全职创业	+200~300	全职创始人工作量更大，而且项目失败的情况下冒的风险也更大。因此，所有全职工作的创始人都应当额外得到更多股权。另外我们认为，项目发起人全职创业是很有必要的。
有投资信誉	+50~300	如果创始人是第一次创业，而他的合伙人里有人曾参与过风险投资成功了的项目，那么这个合伙人比创始人更有投资价值。在某些极端情况下，某些创始人会让投资人觉得非常值得投资，这些超级合伙人基本上消除了"创办阶段"的风险，所以应该额外得到更多股权。
现金投入者：参照投资人股权份额		这个表格第一栏的初始状态是假设每个创始人都投入了等量的资金，构成了最初的平均分配。如果某个投资人投入的资金相对而言较多，那么他应该获较多的股权，因为最早期的投资，风险也往往最大，所以应该获得更多的股权。现金投资可以参考投资人的股权份额计算：例如公司第一次融资时合理估值大概是 50 万元，那么投资 5 万元的人，可以额外获得 10%。
综上所述，做好计算		把所有股东的计算结果加和，得出分母。把每个人的计算结果作为分子，即可计算每人的持股比例。举例，若 3 个股东计算总额分别是 800、400、200，则分母为 1400，三个人的持股比例分别为：57.1%、28.6%、14.3%。

第 5 章

为创新创业创造条件

应用练习　　　　　　　　设计你们团队的股权结构

请为你的创业团队设计股权结构，并写出分配依据。

人员	股份比例	分配依据
合计	100%	

创新小白实操手册

有温度的创新

5.3 创业资源获取与拼凑

音书 —— 助力听障人士无障碍沟通的领跑者

据不完全统计，全球约有3.6亿的听障者，约占世界人口的5%，而其中有两千多万人居住在中国，还不包含听力下降的老年听障者，他们有不同程度的听力损失，过着近乎寂静的生活。为了能与听力正常的人顺利沟通，全世界不少研发团队都在努力研究能够翻译手语的各种科技。而音书团队作为其中一支研发团队，梦想是改变听障者的生活。

音书缘起于大学课堂。为了帮助听障患者城川，一群伙伴因为友情聚集在一起，为了支撑"改变生活"的梦想呕心沥血。几经波折，他们吸纳了来自听障群体与有志青年的血液，凝聚成了音书团队。几经波折，2018年广州市番禺区音书无障碍沟通研究中心成立。这是一家致力于通过人工智能技术改善听障群体与社会沟通状况的民办非企业单位，团结有志青年与听障人士，目前已成为国内最大的辅助听障者沟通的互联网公益平台。它的主要服务产品为音书APP、听镜等。

市场上知名的语音翻译APP如讯飞、搜狗等，都不适合于听障人士的沟通场景和需求。音书APP专为听障人士而设计，设身处地地考虑了听障人士的各种沟通场景和需求，具有面对面聊天、音视频聊天、字幕速记、语音训练等特色功能，操作简便、翻译速度快、准确率高、支持多种方言。与APP相比，AR智能眼镜具有听写距离远、提供更多交流信息的显著优势。音书APP推出至今有两年的时间，已拥有注册用户60万，深受用户喜爱。音书APP每天可以帮助数十万的听障人士达成日常生活的基本需求，其中软件日会话次数超过80万次，日活跃度高达15%左右。

本项目获得2019年第五届中国"互联网+"大学生创新创业大赛银奖，获得2017年广东省"众创杯"残疾人公益创业大赛银奖、2017年顺德区创新创业基金会"最具社会价值奖"、2018年"汇新杯"新兴科技+互联网社会公益专项赛全国复赛银奖等荣誉，获得七项专利和四项软件著作权，获得南方都市报、广州日报、新浪、广东电视台等多家知名媒体的广泛报道。音书通过听镜等硬件销售和软件服务实现部分资金自我造血，同时有关组织以及部门的捐赠和资助使音书得到进一步发展，目前已获得种子轮60万元，获得科大讯飞2018年AI公益计划"三声有幸"战略扶持，2017番禺区政府青蓝计划20万元补贴，顺德区创新创业基金会捐赠30万元，同时与顺德区双创基金会、北京联合大学特殊教育学院、广州市恭明中心、广东省人民医院等达成合作。

启发案例

"无树时光"餐厅的众筹

"无树时光"餐厅坐落在长沙理工大学旁边的安置小区内。一楼为卡座，二楼为包厢，可同时容纳118人就餐。半个月盈利就达1万多元。

带头做这件事的是2015年刚从长沙理工大学毕业的王旭明。他在百威啤酒公司任职时已经有不错的业绩，薪水也不菲，但却毅然与同学王晨辉、曾琦商议一起做了件"大事"。

获取创业启动金

王旭明口才出众，善于与人沟通打交道，具有一定的商业思维。王晨辉、曾琦和王旭明一样，在大学期间就曾经"试水"创业，这次他们打算试试众筹，在校园附近盘下一家餐厅来经营。他们印制众筹宣传单在校园内分发，并在学校食堂的电子屏上打出广告。两个多月后他们如愿以偿——共有105位同学加盟，筹集了45万元资金。有的"股东"拿出了自己积攒多年的压岁钱，有的"股东"则把奖学金投了进来。这对3位初创者而言，无疑有着巨大压力。

抓准客户需求，准确定位市场

国内关于众筹创业失败的例子屡见不鲜，王旭明却有着不同的看法。他说，很多众筹的创业项目选择的行业错误，是这一模式不能发挥作用的原因。"我们为啥不搞茶楼，是发现在学校旁边，茶楼的消费群体不广，而且服务内容单一，咖啡馆也同样如此。但是餐厅不同，平时聚餐、宴会等，大家都是要有个去处

的。"王旭明说，众筹的方式可以在聚集消费群体和推广方面得以彰显优势。

团队组织结构清晰，责权明确

据王旭明介绍，"无树时光"由108个投资者共同建立，但事实上真正具备决策权的只有3个被大家推选出来的常务股东，以及由4名在校大学生组成的监事会，共同经营管理餐厅。在实际运营中，股东之间出现过意见分歧，一般会在股东群里进行讨论，分享各自的观点，直到达成共识。重大决策由常务股东和监事会商议决定。目前，一些大企业也注意到了他们的小餐厅。麦当劳公司邀请餐厅股东们分批参观考察，而附近的一些宾馆酒店等也与其组成联盟——顾客可以在合作单位内享有增值服务。

创新小白实操手册

创业资源的分类

创业资源是新企业在创业的过程中所投入和利用的各种资源的总和。它包括经营管理资源、人力资源、财务资源、市场资源、政策资源、信息资源、科技资源等有直接和间接的资源。

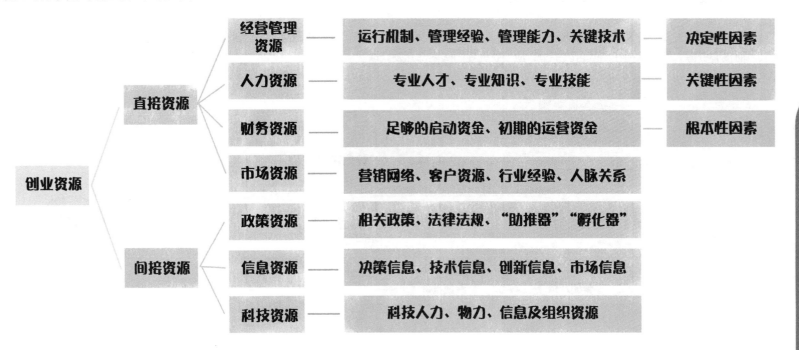

创业资源对创业的影响是巨大的，不管是人力、财务和市场资源，还是政策和信息资源，都能给创业带来很大的推动作用。对创业者而言，获取创业资源的最终目的就是组织这些资源，利用好创业机会，获得创业的成功。

知识介绍

创业资源的获取途径

创业资源的获取是指在确认和识别资源的基础上，利用其他创业资源或途径取得所需资源并使之为新企业服务的过程。不同的创业资源可能需要不同的获取途径，同一资源获取方式也可能获得多种资源。

创业资源获取的途径，从获取来源可分为外部获取和内部开发两种方式。新创企业资源匮乏，大部分为非核心资源，如资金资源，应当从外部获取。而核心资源，则需掌握在团队自己手里，应当优先在团队内部开发获取。

创新小白实操手册

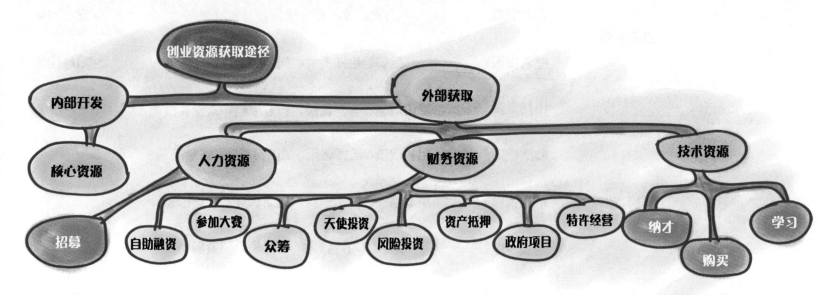

创业资源的获取对大学生创业而言至关重要。相对于已经进入社会的创业者而言，大学生创业者在经验、技术、资金等方面存在一定的劣势。大学生获取资源的关键是要积极拓展社会关系，并充分利用一些有利的条件（如国家政策支持）。

知识介绍

众　筹

众筹，即大众筹资，也叫群众筹资。目前我们谈及的众筹主要是指互联网时代的众筹。

互联网众筹是指创业者、其他组织或个人通过众筹网站平台展示自己的创意和项目，争取支持和关注，进而获得资金援助。截至2019年，我国处于运营状态的众筹平台近150家，分为权益型众筹平台、股权型众筹平台、会籍型众筹平台和慈善型众筹平台。

例如，权益型平台的众筹规则是：在设定天数内，达到或者超过目标金额，项目即成功，发起人可获得资金；筹资项目完成后，支持者将得到发起人预先承诺的回报，回报方式可以是实物，也可以是服务，如果项目筹资失败，那么已获资金全部退还支持者。

目前国内外知名的众筹网站

类型	特点	平台
权益型众筹平台	投资者为公司提供资金，从而获得产品与服务。创业者可以公开产品计划以获得认可、筹措够资金再开始生产，降低风险。	苏宁众筹、京东众筹、摩点众筹、开始吧、小米众筹、造点新货
股权型众筹平台	以被投资项目的股权或资产收益为回报	Angelist、天使汇、第五创、聚募网和众筹客
会籍型众筹平台	以加入某个会员俱乐部为回报	3W 咖啡
慈善型众筹平台	一般为社会公益项目，没有回报	轻松筹、水滴筹

众筹三要素

展示发起人创意项目，吸引关注和资助

众筹平台

筹资人

有创意，缺资金

公众

对发起人的项目有兴趣，有资助能力

第5章　为创新创业创造条件

启发案例

科技创新项目众筹获热捧

项目一：哈罗闪轻薄婴儿纸尿裤

所在平台：京东众筹

预期融资额：100万元

实际融资额：1106.1288万元

支持人数：8019人

项目特点：纸尿裤的黑科技

（1）全球采购原材料，无人能出其右；（2）2mm至薄，对纸尿裤来说，是工艺与艺术的革新，对宝宝来说，意味着透气舒适的体验；（3）智能空气循环系统，拒绝红屁股；（4）无味印刷尿显技术，安全无异味。

项目二：智能扫地机器人解放双手享受生活

所在平台：苏宁众筹

预期融资额：10万元

实际融资额：1000.0922万元

项目发起人：武汉小甲虫科技有限公司

项目特点：（1）动态调速边刷，确保角落边缘干净无尘；（2）创新的双层强力吸口；（3）多探头防跌落探测，确保安全运行无意外；（4）红外线障碍探测，通过红外线传感器可以探测到前方障碍物，并且当接近障碍物时可大幅度地减少速度，智能万向轮自动转向；（5）智能变频电机，强力清洁，智能耐用。

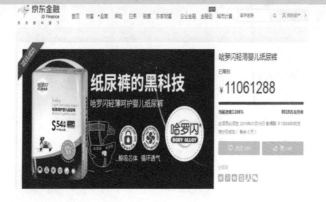

创新小白实操手册

知识介绍

资源约束的三种选择

多数新创企业都具有"新生弱性",即缺乏足够的资本、物质或专业人员、开发机会等。资源约束成为许多新创企业发展中的常态。

面对资源约束,新创企业通常有三种选择:

资源搜寻	维持现状 放弃现有机会	资源拼凑
● 借款、招股 ● 有时迫于时间压力,会错失创业机会	● 缩减企业规模 ● 解散创业团队	● 突破资源约束 ● 重新整合和构建手头资源

资源拼凑就是受困于资源约束的企业为解决新的问题,通过整合手头现有的资源以及社会上他人不要的资源或免费资源,将就使用或根据新目的进行创造利用的行为。

资源拼凑作为一种资源贫乏克服方式而普遍存在于创业型企业中。因此,"如何将原本被认为没用的资源变得有用"是新创企业资源拼凑的核心问题。

小成本大制作背后的"拼凑资源"

启发案例

新媒体网络小成本电影《道士出山》在拍摄完成后,导演张涛没有资金请专业公司制作200个特效镜头。为低成本、快速地完成该片的制作及发行,他在网上几百个原创视频中挑选出了一个颇有想法的作品,并联系它的主人——四川音乐学院动画制作系大三学生胡珏,以极低的酬劳请其制作特效镜头。最终,这部剧本投资仅28万元,不到一周写完,筹备10天,拍摄10天,后期制作15天的电影,上线2天便收回了成本,10天票房破300万元。

随着电影热潮的升温,一批整合文化创意资源的创业平台也开始涌现。这些平台为小成本电影提供了低成本的电影制作、发行、营销等渠道,为小成本电影快速整合"廉价"资源提供了新可能。

分析工具

资源拼凑MRR三模式

将就使用（Making Do）

不管手上资源能否创造出可行的成果，都会主动去处理问题和回应机会，而非拖延至获得最合适或最适当资源才采取行动。

就地取材（Resources at Hand）

有效利用手边上现有的各种零碎资源去解决问题，而这些资源可能相当廉价，甚至是免费的，因为它们通常被他人视为无价值或无用处，因此也相对容易获得。

新目的重组（Recombination of Resources for New Purposes）

组合和再利用手边资源，根据新目的产生新的用途。

启发案例

广东佛山某陶瓷生产企业，在纳米抗污生产线的研发过程中，有一个关键难题一直难以逾越：如何将这种纳米材料（液体）均匀地输送到瓷砖表面让机械设备进行打磨？

某研发人员在医院打点滴时，无意中看到输液的滴管，能使药液均匀地输送到病人体内，顿时灵机一动，想到可以将这种滴管"拼凑"到纳米抛光生产线上，使纳米材料均匀地传送到瓷砖表面，而且还能根据生产线实际情况对速度进行控制。就这样，两块钱的输液管，解决了公司一个大难题。

创新小白实操手册

价格便宜却完全能达到使用预期的干衣机

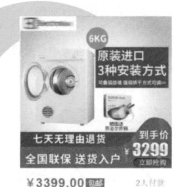

顺德企业制造的干衣机，已经受到北美市场的关注。这种企业规模极小，它首创的干衣机原理非常简单，就是"衣架＋塑料衣柜＋鼓风机"的组合，最高卖价只要300多元，"双十一"促销时才89元。但就是这样一个简单的干衣机，实现了每年上千万元的销售额。

在此之前，市面上的主流产品是滚筒式烘干机，全金属，价格贵，占地大，不可折叠。

然而，顺德企业开发的这种干衣机，利用简易的塑料衣柜套住一个衣架，再利用加热器或吹风筒从底部往上吹，干衣效果好，而且产品可以随意拆组，省空间又方便，非常受顾客欢迎。更重要的是，在干衣过程中，衣服始终保持晾挂在衣架上，不会皱。

新的"简易"干衣机出来以后，业内一度质疑这种便宜的解决方案的安全性。于是，该企业在现有拼凑的基础上继续研发，对主机进行了八项专利改造，改进了干衣机的多项功能。例如，改进后的产品不会因温度过高而起火，更能避免衣服滴水引发短路。

"拼凑起步而不囿于拼凑"，这个案例可以说是创业"拼凑"的高级典范。

鼓风机　　　　塑料衣柜

应用练习

创业资源自我评估与利用

必做练习

　　根据你们小组的创业项目，在梳理已有资源的基础上，对还欠缺的资源进行发掘。利用前文讲到的资源拼凑与六度分割理论，在下面的鱼骨图上画出我们所需的资源清单与人脉链接路径。已有资源写在鱼骨上方，还欠缺的资源写在鱼骨下方，并通过人脉链接寻找这些资源。记得全面考虑经营管理资源、人力资源、财务资源、市场资源、政策资源、信息资源、科技资源等，可以自行增加鱼骨的分枝。

创新小白实操手册

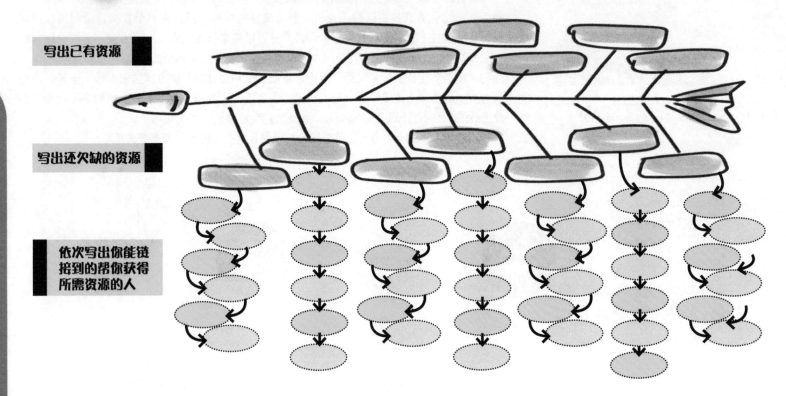

写出已有资源

写出还欠缺的资源

依次写出你能链接到的帮你获得所需资源的人

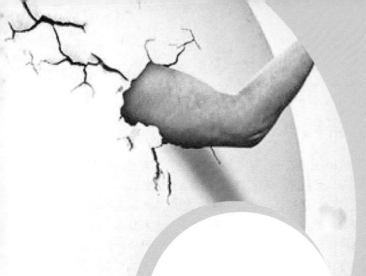

第6章 你的创新有商业价值吗

6.1 透视商业模式

6.2 价值创造系统画布

新丝之路 —— 丝绸皮草开创者

我国拥有全球最大的毛皮生产和消费市场，生产总量占全世界的60%，2020年销售收入达10981.9亿元。但因人造皮草生产高耗能、制造高污染、产品低附加值、面料吸湿性和透气性差，动物皮草残忍血腥、资源有限、鞣制不环保等，使我国毛皮行业的发展遇到极大瓶颈。

在此背景下，一群高职院校学生想到了创新的解决方法。他们组建了"新丝之路"创业团队，通过设计学、材料学、仿生学，以及纺织技术等跨界设计，经过甄选生丝绸材料、优化纱线配比、变革生产流程、精控脱胶加脂、创新数字织造、增加织造行程等系列工艺和技术，利用桑蚕丝、柞蚕丝等作为原材料，通过1800余次的配比组合实验，找到了水貂毛、绵羊毛等6种皮草的仿生匹配方案，为我国轻纺行业研发出健康、亲肤、环保、时尚的丝绸皮草新材料，为面料的绿色发展带来新的选择。项目为此申请相关专利11项，获得国际级、国家级等面料创新奖11项。

项目四大创新点：1.发明了"丝绸皮草"环保材料；2.创造"先脱后脂再织"技术；3.采用"数字+"多工艺合成法；4.运用了"多学科融合法"。

丝绸皮草的项目技术受到行业专家的高度认可，同时受到知名服装企业的青睐，其成衣样品亮相2021年4月的巴黎时装周。

"新丝之路"项目目前已成立了公司，并获签650万的投资意向，将来可提供面料开发类就业岗位100余个，带动间接就业1000余人。在第七届中国国际"互联网+"大学生创新创业大赛中，该项目大放异彩，最终斩获职教赛道创意组国赛金奖。

仿绵羊毛丝绸皮草

仿水貂毛丝绸皮草

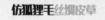

仿狐狸毛丝绸皮草

仿滩羊毛丝绸皮草

启发案例

6.1 透视商业模式

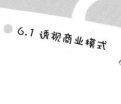

樊登读书会 —— 收入过亿的知识IP如何缔造

近年来，知识付费平台迅速崛起，成为创投圈的高频词，涌现出了混沌大学、得到、樊登读书会、吴晓波频道、喜马拉雅FM、荔枝微课等一批知名平台。其中，樊登读书会的模式颇具代表性，年收入近亿元，它是如何构建起知识付费的社群平台？快速增长的秘密又是什么？

创始人樊登曾是中央电视台主持人，曾主持《实话实说》《三星智力快车》《商界传奇》等明星节目。樊登读书会由其在2013年发起，是倡导基于移动互联网的学习型机构，使命是倡导"全民阅读"，帮助中国3亿人养成阅读习惯。樊登读书会提供形式多样的精华解读，以视频、音频、图文等多种形式呈现在樊登读书会APP上进行分享传播。

从上线之初，樊登读书会就实行收费模式。樊登认为免费的东西，很多人不会珍惜，收费是一个筛选门槛，能把真正认同樊登读书会的人筛选出来。樊登读书会的会员增长主要有两个渠道：一是会员间的口碑推荐，二是城市代理销售会员卡。目前，樊登读书会已在海内外成立近千家分会，会员人数几百万。其中省级分会覆盖了全国34个省份，而海外分会也拓展到了亚特兰大、多伦多、新加坡等20多个城市。2016年底，樊登读书会开始在全国各地开设书店，"樊登书店"在地方也采用的是加盟的轻资产模式，目前已经开了200多家线下书店。

樊登读书会的运营模式主要是：

1.收费服务：收取年会费；付费课程服务。

2.卖书：网络售书平台。

3.线下书店：借助樊登这个IP的号召力，线下开设书店，采取加盟制，向加盟商收取5万~10万元加盟费，还有一些额外的管理费、培训费等。

4.线下社群收费活动：各个城市代理拥有本地社群的管理权，可以每周组织一些同城活动，向社群成员收取一定的组织费。

第6章 你的创新有商业价值吗

知识介绍

什么是商业模式？

商业模式（Business Model）是指为实现各方价值最大化，把能使企业运行的内外各要素整合起来，形成一个完整的、高效率的、具有独特核心竞争力的运行系统，并通过最好的实现形式来满足客户需求，实现各方（客户、员工、合作伙伴、股东等利益相关者）价值，同时使系统达成持续赢利目标的整体解决方案。

商业模式描述与规范了一个企业创造价值、传递价值以及获取价值的核心逻辑和运行机制。商业模式的本质就是连接各利益相关者的价值。

商业模式最核心的三个组成部分是创造价值、传递价值和获取价值，三者是一个环环相扣的闭环，三者缺一不可，少了任何一个，都不能形成完整的商业模式。

创造价值是基于客户需求，提供解决方案；
传递价值是通过资源配置、活动安排来交付价值；
获取价值是通过一定的盈利模式来持续获取利润。

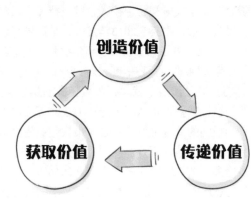

商业模式是我们的四面镜子

多棱镜
发现更多资源和潜在资源

透视镜
挖掘更深更广的需求

广角镜
发现新的利益相关者

聚焦镜
设计新的交易方式

知识介绍

什么是好的商业模式?

每个行业都没有标准的商业模式可言,但随着时间的推移,行业内会有一个最为成功的商业模式成为主导,再后来又会有新的商业模式涌现,商业模式创新的机会一直存在。一套好的商业模式,一定是你基于商业模式设计的原理,自己设计出来,不断在实施过程中纠错,并慢慢成形的。分析和理解商业模式竞争的逻辑,对于设计一个好的商业模式,或者对不同的商业模式进行预判和选择,会有很大的帮助。

我们总结出好的商业模式的八大特征:

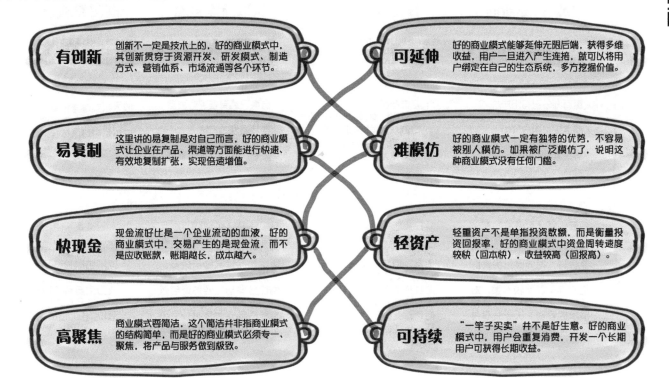

有创新 创新不一定是技术上的,好的商业模式中,其创新贯穿于资源开发、研发模式、制造方式、营销体系、市场流通等各个环节。

可延伸 好的商业模式能够延伸无限后端,获得多维收益,用户一旦进入产生连接,就可以将用户绑定在自己的生态系统,多方挖掘价值。

易复制 这里讲的易复制是对自己而言,好的商业模式让企业在产品、渠道等方面能进行快速、有效地复制扩张,实现倍速增值。

难模仿 好的商业模式一定有独特的优势,不容易被别人模仿。如果被广泛模仿了,说明这种商业模式没有任何门槛。

快现金 现金流好比是一个企业流动的血液,好的商业模式中,交易产生的是现金流,而不是应收账款,账期越长,成本越大。

轻资产 轻重资产不是单指投资数额,而是衡量投资回报率,好的商业模式中资金周转速度较快(回本快),收益较高(回报高)。

高聚焦 商业模式要简洁,这个简洁并非指商业模式的结构简单,而是好的商业模式必须专一、聚焦,将产品与服务做到极致。

可持续 "一竿子买卖"并不是好生意。好的商业模式中,用户会重复消费,开发一个长期用户可获得长期收益。

分析工具　　　**商业模式设计的导航路径**

在项目的初创期，商业计划书还处于"画饼"阶段，商业模式的构架设计是重中之重，因为它从一开始就决定了项目的一生，想要进行产品与服务创新，也要在一开始就研究如何设计商业模式。下文提供了一个商业模式设计的导航路径。

创新小白实操手册

预定产品航向	规划业务结构	获取所需资源	制定盈利模式
服务的目标用户是谁？是横向满足不同用户的不同需求，还是垂直细分满足特定用户的特定需求	如何连接相关者进行交易？设计业务环节，分配合作伙伴角色，明确交易形式和内容	拥有哪些资产、技术和人才？整理所需资源，获取所需资源的渠道，合理布局所需资源	如何获取利润并平衡利益各方？争取多种收入来源结构，转嫁成本或争取应付款账期，明确利益分配机制

思考要点提示

●重新划分已有用户群 ●辨别用户真实需求 ●精准定位用户群体 ●确定用户群占比 ●确定其他利益相关者	●定位产品功能 ●定位纵向发展的创新功能 ●定位横向发展的产品线 ●界定如何与用户进行交易 ●策划线上、线下经营活动	●自身已经具备哪些资源 ●是否采用资源杠杆 ●整合资源的方法 ●寻求外界哪些帮助 ●资源产生的价值归属谁	●收入来源是直接用户，还是第三方 ●有没有多种收入来源 ●成本是否可以转嫁给第三方 ●利益如何与相关利益方分配

案例分析参考

今日头条（极速版）是一款付费阅读的推广平台，选择极速版的用户画像是非会员，是内容接受者而不是创造者，且用户的手机内存不够比较卡顿，对功能要求不是很多，喜欢简单的界面，乐于分享并顺便赚点小钱。	今日头条（极速版）的主业务是为了用户拉新和裂变，包括搭建邀请好友的体系，例如被邀请人阅读×天，奖励邀请人×元；建立任务互动的体系，例如走路赚金币，提醒好友阅读；上线广告植入的体系，例如百宝箱看广告领金币。	今日头条（极速版）本身源自专业版，技术开发团队已经有了基础，但极速版主推阅读奖励与分享，所需的资源也有所不同，例如分享功能要协调与微信、微博等的关系，提现功能要与支付宝接口，小说需要获取版权方授权等。	今日头条（极速版）主要有两种变现方式，一是搭广告为外部商家导流，赚取广告收益，包括图文、小视频的信息流广告，以及百宝箱看广告视频领金币；二是导流到自营服务版块，推广借贷、信用卡、股票、卡包、商城等。

应用练习

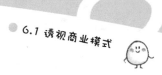

用商业模式设计导航路径，将你的产品与行业内代表性竞品进行对比分析

导航路径 ▲	产品航向 ▲	业务结构 ▲	所需资源 ▲	盈利模式
代表性竞品 （　　　）	竞品面向哪些用户？目前市场份额多大？主要满足用户的哪些需求？	竞品有哪些功能？使用起来体验感如何？最受欢迎的功能是什么？	竞品有哪些基于资源形成的核心优势？是拥有核心技术资源形成了产品独特功能？还是拥有强大的营销渠道资源形成了销售优势？是拥有庞大的流量获取资源形成的获客优势？又或是打通了上下游供应链资源形成了产业优势？	竞品定价多少？最赚钱的收入来源是什么？是否达到了规模经济的成本优势？
你的产品 （　　　）	我们面向哪些用户？与竞品的用户重合吗？是更精准地瞄准已有市场里更垂直细分的用户群？还是瞄准全新未被开发过的用户群？他们有未被竞品满足的需求空白点吗？	我们有哪些功能与竞品重合？是完全一样，还是有更好的使用体验？我们全新的功能有哪些？为什么竞品没有这些功能，是根本不看重此领域，还是业务逻辑与我们不同，或者是准备未来才去开发？	与竞品相比，我们无法企及的资源是什么？我们独有的资源优势是什么？我们是否能获取用户的独有资源？我们还能在外界找到哪些资源支持我们？他们为什么支持我们？	我们定价多少，与竞品相比是更便宜还是更贵？我们有没有新的不同的收入来源？成本更低还是更高？是否有第三方帮我们分担成本？如果有，与第三方如何分配利益？

第 6 套

你的创新有商业价值吗

6.2 价值创造系统画布

商业模式的可视化呈现

商业模式对企业发展的重要性不言而喻，对于商业模式，很多人都有自己的解读。然而商业模式不是拍脑袋就可以想出来的，更多的是通过科学的工具和正确的方法进行分析和拆解，进行多次整合优化后才得出的结果。但是我们听了很多关于商业模式的案例，仍然一头雾水，不知道从哪里开始设计。有没有一种视觉化分析工具，可以把商业模式直观地展现出来呢？

> 商业模式可视化工具可以帮你把商业模式设计更简洁直观地表现出来。

> 商业模式可视化工具可以协助团队成员和其他利益关系方更好地理解商业模式设计。

> 商业模式可视化工具可以整合群体智慧，共同创新和改善商业模式设计。

商业模式画布（Business Model Canvas）是目前世界知名的战略类商业模式分析工具，它把商业模式九个关键模块整合到一张画布之中，可以灵活地描绘或者设计商业模式。瑞士洛桑大学的亚历山大·奥斯特瓦博士是商业模式创新领域的专家，他于2008年与伊夫·皮尼厄合作出版了《商业模式新生代》，提出了商业模式画布模型BMC。该书已经成为全球管理者的经典读物，并以30多种语言印刷了数百万册。

商业模式画布

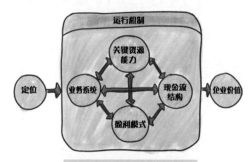

魏朱六要素商业模式模型

魏朱六要素商业模式模型是商业模式整合类顶尖理论，是由北京大学教授魏炜、清华大学教授朱武祥联合创立的整合类商业模式体系，包括定位、业务系统、关键资源能力、盈利模式、现金流结构和企业价值六个方面，六个方面相互影响，构成有机的商业模式体系。

相较于目前商业模式的分析工具，商业模式画布划分的九大模块更清晰，可操作性更强。魏朱商业模式模型则精辟定义商业模式是利益相关者的交易结构，更强调六要素之间的内在关系。如果把两个工具相互借鉴，会有更好的效果。

如何用可视化的工具梳理及自己动手设计商业模式呢？我们在商业模式画布与魏朱六要素理论的基础上，开发出一套可视化的商业模式分析工具——价值创造系统画布。它可以帮助我们分析如何创造、传递和获取价值，并思考价值实现的过程中，信息、物质以及资金如何流动。

价值创造系统画布有九个关键模块，依次分别是：

价值创造系统画布

视角 1：为谁提供？

用户画像：企业为谁提供产品和服务？

付费者：谁为企业提供的价值买单，与用户是什么关系，付费的动机是什么？

产品刚刚起步，并没有数据参考，所以需要从定性角度入手理解用户的需求，想象用户使用的场景从为所有人做产品变成为三四个人做产品，降低复杂度。

工具：用户画像（Persona）

（1）确定人物原型（熟悉）

（2）选定用户场景（能够体验或观察）

（3）画形象图，贴属性标签（10个以上）

（4）取名（形象直观）

我们一直提到"用户"这个词，它是指使用某个产品或服务的人，只要正在使用或者用过的人都属于用户。但产品和服务不一定是自己花钱买的，有可能是免费的、赠送的、借的，付费者另有他人。例如我们每天都会使用微信，所以都属于微信的用户，但我们用微信聊天、发文件并没有向微信付费。

因此，用户与付费者可能是同一人，也可能是不同的人，例如亲戚朋友，或者更有可能互相不认识，只是处于不同相关利益方的位置。

用户与付费者		
关系	**付费动机**	**举例**
同一人	自己付费满足自我内心的需求，关注产品与服务给自己带来的价值	自己出钱买了一套化妆品；自己出钱买了一套游戏装备
亲戚朋友	现实生活中有亲情、爱情、友情等关系的人，一方为另一方付费购买产品或服务，付费者关注的是产品与服务给两人关系带来的价值	男朋友 / 老公为女朋友 / 老婆购买钻戒或玫瑰花；子女为父母购买防丢失手环
相关利益方	通过免费策略积累大量的用户基数，让想获得这些用户的其他相关利益方来买单	百度搜索对用户免费，积累了大量用户，而商家需要大量在用户面前曝光的机会，愿意付费给百度进行推广

创新小白实操手册

视角 2：价值主张是什么？

我们为某一用户群体提供能为其创造价值的产品和服务，解决了用户的问题或满足了用户的需求，是我们为用户提供的利益组合或集合。

价值主张是商业模式构建和创新的目标与最终实现结果。用户的需求永远都不是产品和服务本身，而是为其所创造的价值感觉。你与其他同行业企业的差异化不在于你的产品功能本身，而是给用户带来与他人不同的价值感受。价值主张不是广告口号，价值主张的定位决定了商业模式中其他板块的定位与布局。

价值主张必须反映时代的价值观，所谓"与世界共情"，意味着你和你的企业所做的事，对他人和社会是有价值的。百度公司董事长兼CEO李彦宏称"用科技让复杂的世界更简单"是百度的使命，百度人在积极地用技术去解决多种社会问题，用科技让世界变得更美好。这正是一种与世界共情的价值主张，相信技术可以改变生活，改变世界，让一切更美好，而不仅仅是一个工具。当今引领世界发展的最前沿企业谷歌、百度、亚马逊、特斯拉、苹果、Facebook等，无一不是如此。在当下，很多新兴企业都在倡导共同的价值观：解决用户和社会的痛点，精心关怀客户体验，高效利用社会资源，倡导负责任的商业诚信社会。他们都相信技术的力量，用最现代化的方式方法，让成本更低，手段更智能，品种更丰富，价格更便宜，或速度更快，服务更人文体贴。这才是企业价值主张的核心所在。

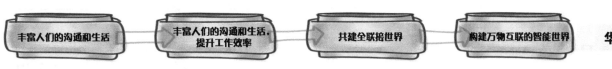

华为公司价值主张的演进

价值是在信息流动、物质流动、资金流动中创造的，利用下面的价值创造链条图梳理要素输入与价值输出的过程。图中的上下游都是利益相关者，上游提供价值创造的要素，下游通过市场交易获得价值。

价值创造链条图

视角3：如何提供？

营销渠道：如何接触客户，如何整合渠道达到最大化营销，哪些渠道有成本优势。

与用户关系：如何与客户建立联系，建立何种联系，建立这种联系的成本有多大。

酒香也怕巷子深，再好的商品或服务，也需要通过营销路径来传播我们的价值主张。营销渠道有直接渠道和间接渠道之分。随着互联网改变了传统商业模式和规则，大量新媒体营销渠道充满机遇。但也不要盲目地跟随热点，选择适合自己的营销渠道才是最重要的。

销售渠道	自建渠道	自建线下实体店
		自建线上网点：如淘宝店铺、拼多多店铺、微店等
	合作渠道	合作方的线下实体店
		合作方的线上网店：如淘宝店铺、有赞微商城等
推广渠道	自媒体推广	自建账号，例如博客、微信公众号、微博、今日头条、抖音、快手、小红书、映客直播等
	社交平台推广	在公众社交平台发起话题讨论，例如哔哩哔哩弹幕网、豆瓣、天涯、百度贴吧、知乎等
	其他付费推广	付费给有新媒体推广的专业机构等，例如搜索引擎优化、关键词广告和竞价、信息流广告、网红达人推文或种草带货短视频等

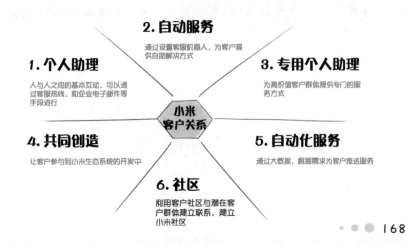

2. 自动服务
通过设置客服机器人，为客户提供自助解决方式

1. 个人助理
人与人之间的基本互动，可以通过客服热线，和企业电子邮件等手段进行

3. 专用个人助理
为高价值客户群体提供专门的服务方式

小米客户关系

4. 共同创造
让客户参与到小米生态系统的开发中

5. 自动化服务
通过大数据，根据需求为客户推送服务

6. 社区
利用客户社区与潜在客户群体建立联系，建立小米社区

与用户的关系揭示了在销售、二次销售、售后等过程中，我们的服务标准会给用户带来怎样的体验。不同的用户定位、价值主张与渠道通路，会决定我们与用户建立何种不同的关系。我们可以问自己一些问题，例如，我们会与用户互动吗？会保持用户的黏性吗？会给用户带来便捷吗？会让用户感觉受到重视吗？

这里，以小米公司为例，剖析他们与客户的关系是如何构建的。

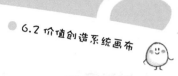

视角 4：如何运营？

主要工作任务与所需资源：要提供我们的价值，供应我们的产品，需要完成哪些主要工作任务；所需资源也不是一次性投入的，而是在工作任务推进的各个阶段，需要不同的资源投入组合，如果该资源会影响整个商业模式的成败，那必须将其掌握在自己手里。

生态伙伴圈：有哪些可以合作的外部机构，包括战略联盟合作、供应商、采购商，以及政府等，我们可以从合作伙伴那里获取哪些资源。

主要工作任务

制造产品
与设计、制造及发送产品有关，是企业商业模式的核心

进行销售
建立服务网络、交易平台，乃至打造品牌

提供支持
与生产、销售无关的其他支持性任务，如培训

所需资源

实体资产
包括生产设施、不动产、系统、销售网点和分销网络等

知识资产
包括品牌、专利和版权、商业秘密、客户数据库

人力资源
在知识密集产业和创意产业中，人力资源至关重要

金融资产
包括现金、信贷额度、股票期权池等

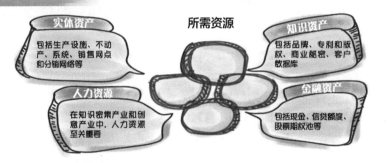

主要工作任务与所需资源匹配表

所需资源 \ 工作任务	研发	生产	建立销售渠道	进行宣传	打造品牌	售后服务	…………
人力资源							
资金资源							
市场资源							
技术资源							
…………							

第 6 章
你的创新有商业价值吗

合作关系作用	降低风险和不确定性	商业模式优化和规模经济	特定资源和业务的获取
	可减少以不确定性为特征的竞争环境的风险	优化的伙伴关系和规模经济的伙伴关系通常会降低成本，而且往往涉及外包或基础设施共享	依靠其他企业提供特定资源或执行某些业务活动来扩展自身能力

在新技术应用层出不穷、产业环境日趋动荡、用户对一体化解决方案的期望越来越高的背景下，产业边界逐渐模糊，跨界合作与价值共创成为潮流，使商业生态圈成为炙手可热的概念。

想要在新的商业环境下乘风破浪，必须善于连接外部资源，优化我们所在的商业生态圈。原来赢者通吃的超级马太效应，将转变为利益共享、合作共赢的局面。生态视角下的企业优势和利润来源，背后的规则不再是零和博弈、你输我赢。它强调共赢——把饼做大，形成共生、互生和再生的利益共同体。"不追求为我所有，而是为我所用"，有效地与外部资源发生连接。

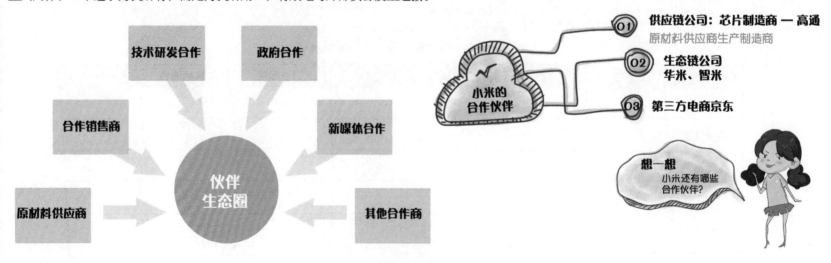

创新小白实操手册

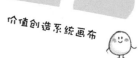

视角 5：支出和收入

支出：运营商业模式所发生的成本结构，包括固定支出、可变支出等。
收入：从客户群体获得的收益，包括一次性收入、经常性收入等。

支出报表			
	固定支出	可变支出	其他
即时			
月度			
季度			
年度			

收入报表						
	一次性	计时	计量	共享	免费	其他
即时						
月度						
季度						
年度						

我们着重要考虑哪些工作任务花费的成本最大？哪些资源花费的成本最大？特别是在移动互联网领域，要衡量用户获取成本。

我们着重要考虑是否有多种收入来源？哪种利润最大？哪种能带来长期稳定的收益？特别要重视现金流入的时间节点。

互联网时代常见的收入模式

卖广告	佣金抽成	电商卖货	增值服务	收费服务	金融运作
网盟广告（阿里妈妈）	天猫（商家）	慧聪网（B2B）	360杀毒（企业服务）	阿里云服务器（功能）	花呗（借贷）
移动广告（多盟、有米）	美团（商家）	网易严选（B2C）	QQ会员（会员特权）	友盟（技术/数据）	摩拜（沉淀资金）
搜索竞价广告（百度SEM）	八戒网（威客）	淘宝（C2C）	王者荣耀（虚拟道具）	高德地图（接口）	拍拍贷（资金池）
	映客直播（主播）	直卖网（F2C）	WPS办公软件（会员特权）	网易云课堂（知识）	
		美团网（O2O）	百度网盘（会员特权）	樊登读书会（内容）	

第6委
你的创新有商业价值吗

启发案例

四川航空 —— 爆发千亿的商业模式

不少人都有过搭乘飞机的经验，我们通常下了飞机以后还要再搭乘其他交通工具才能到达目的地。然而，如果你乘坐四川航空的飞机到成都，降落前就会有广播通知："如果您购买的是五折以上的机票，降落后我们会有专车免费送您到市中心任何指定的地方。"当你下了飞机以后，你会看到机场外停了百部休旅车，后面写着"免费接送"。

四川航空一方面提供的机票是五折优惠，另一方面又为乘客提供免费接送服务，这一举措为四川航空带来上亿利润。我们不禁要问：免费的车怎么也能创造这么高的利润？四川航空向风行汽车买了150辆休旅车，原价一台14.8万元的商务车，四川航空要求以9万元的价格购买150台，提供给风行汽车的条件是，四川航空令司机于载客的途中提供乘客关于这台车子的详细介绍，简单地说，就是司机在车上帮车商做广告，销售汽车。每一部车可以载7名乘客，以每天3趟计算，150辆车，每年带来的广告受众人数超过200万，并且宣传效果也非同一般，以这种免费广告的形式来抵消广告费用，一举两得。另一边，四川航空以一台休旅车17.8万元的价钱出售给出租车司机，告诉他们只要每载一个乘客，四川航空就会付给司机25元作为广告收入!航空公司立即进账了1320万元(17.8万元/台-9万元/台)×150台=1320万元。车款立即赚回来了，等于空手得了车还赚了钱。司机虽然以17.8万元高价购买了汽车，但同时成为四川航空的专线司机，获得稳定的收入来源和稳定的客户源——划算!

四川航空的千亿模式里包含了两个"价值循环"："乘客乘车、搭载的循环"和"车辆销售、购买的循环"，产生了资源整合的惊人效益!这就是商业模式的魔力。

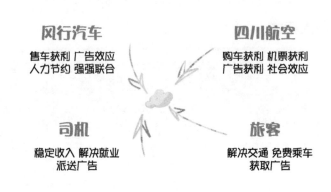

四川航空免费接送的价值创造系统画布

伙伴生态圈

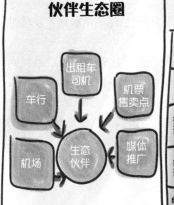

出租车司机 / 车行 / 机票售卖点 / 机场 / 媒体推广 → 生态伙伴

工作任务与所需资源

	与车商谈判	招募司机	购买车辆	进行宣传	开展运营
人力资源	谈判人才	人事部门	谈判人才	市场部门	
资金资源				推广费	
市场资源	品牌价值、乘客数量	品牌价值、乘客数量			品牌价值
经营管理资源	团队谈判能力	团队谈判能力			团队管理能力

价值主张与价值创造链条

给乘客带来便捷、实惠的接送机服务

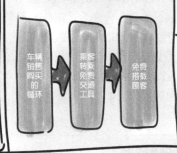

车辆销售购买的循环 → 乘客转乘免费交通工具 → 免费搭载顾客

营销渠道

直接渠道	机票销售渠道
间接渠道	车行、司机销售
自有渠道	线上线下销售
合作渠道	车行、司机合作 广告效益

与用户关系

客户关系：自动服务 / 免费服务 / 共同创造 / 专属服务

用户画像

用户原型	航空乘客
用户场景	下飞机后
用户标签	高净值人群

付费者

是谁：司机、车行、其他广告商

与用户关系：买卖关系

付费动机：回头客流 广告效应

支出报表

	固定支出	可变支出	其他
即时	车辆购置		
月度	人工、税费	车辆运营	
季度	人工、税费	车辆维护	
年度	人工、税费	车辆检修	

支出

收入报表

收入

	一次性	计时	计量	共享	免费	其他
即时	车辆差价				乘客免费	
月度	其他广告费				机票	
季度	其他广告费				机票	
年度	其他广告费				机票	

第6章 你的创新有商业价值吗

哔哩哔哩弹幕网站的商业模式

创建于2009年的哔哩哔哩弹幕网站(bilibili，简称B站),是弹幕视频分享网站的典型代表,模仿最早流行的弹幕网站即日本动漫网站niconico。作为二次元圣地,B站已拥有超过1.5亿活跃用户,日视频播放量超1亿次,其商业化选择成为必然。2018年3月28日，其在纽交所上市。

据bilibili官方透露，B站现在是一个包括7000多种热门的文化圈组成的文化社区，拥有超过1亿的活跃用户及超过100万活跃的UP主。用户投稿视频每天有数万级，90%是自制或者原创的视频。

哔哩哔哩在上市前是中国最大的二次元文化社区，2018年3月，哔哩哔哩在美国纳斯达克挂牌上市（股票代码BILI），并在其披露的招股书中将目标用户群定位为"Z世代"。"Z世代"是这样一种群体：他们倾向于有一种强烈的、不断发展的表达自己的欲望，并通过创造内容来展示他们的才华，是一群新兴的内容创造者。根据艾瑞咨询数据，中国"Z世代"人口数量约为3.28亿，占总人口的24%。"Z世代"是推动中国在线娱乐市场的核心力量。将"Z世代"和原本的二次元受众群体作对比，可以发现"Z世代"是包含二次元用户群体的一个更大的年轻群体，因此哔哩哔哩对标的网站是YouTube，YouTube和哔哩哔哩一样都是依靠用户自制的视频作为流量入口。下面，我们就以哔哩哔哩为例，画一下简单版的价值创造系统画布。

伙伴生态圈	工作任务与所需资源				价值主张与价值创造链条	营销渠道	用户画像
UP主、主播公会 平台运营商 品牌授权方		平台	数据	公会	宣传	为新生代用户提供线上创作平台与分享社区	自有平台	Z世代二次元用户群体
	人才	✓	✓	✓		UP主创作内容 → B站提供平台 → 用户付费打赏	与用户关系	付费者
	资金	✓			✓		粉丝社群	用户自己
	市场							
	技术	✓						
支付方式	平台维护、市场推广、版权费				收入方式	会员收费、直播打赏、视频打赏、游戏代理、周边产品贩卖、广告等		

结合小组的创业项目，绘制价值创造系统画布

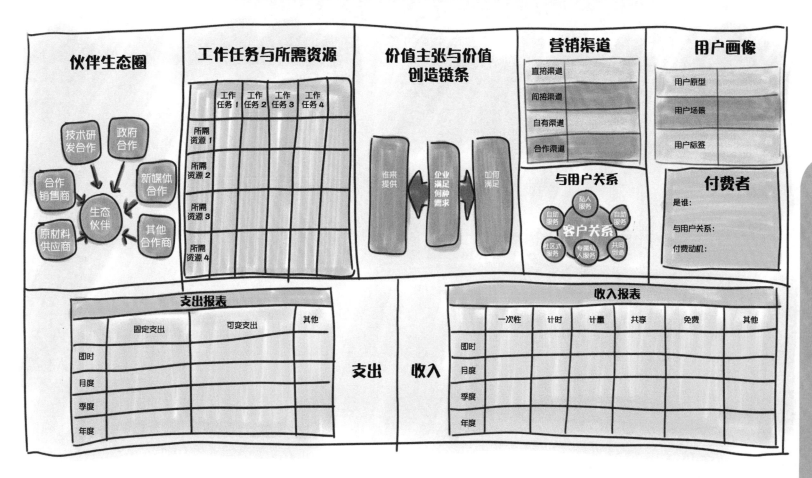

第6章 你的创新有商业价值吗

175

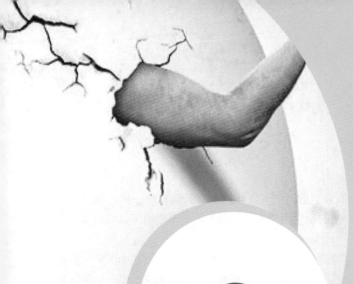

第 7 章 最简可行产品及低成本试错

有温度的创新

一棵青钱柳 —— 致富路上好帮手

大学生用所学知识为家乡脱贫致富

2017年8月，习近平总书记给第三届中国"互联网+"大学生创新创业大赛"青年红色筑梦之旅"的大学生回信，希望青年一代扎根中国大地，了解国情民情，帮助老区人民脱贫致富奔小康。为响应党和国家号召，江西科技师范学院的学生组建青柳公益团队，希望用所学知识帮助家乡——著名革命老区修水县脱贫致富。

青柳公益团队发起了"青柳行动——一颗青钱柳，扶贫路上好帮手"创业项目，经过四年艰苦研究，两百余次实验，自主研发了中国第一台近红外光青钱柳检测仪，以青钱柳叶作为研发对象，把青钱柳产业由茶引入饮品行列，拓宽销售渠道，实现了青钱柳叶经济价值的快速提升。最终该项目在第五届中国"互联网+"大学生创新创业大赛中大放异彩，荣获"青年红色筑梦之旅"赛道公益组国赛银奖。

历经两百余次实验失败终于成功

项目团队通过充分的实践考察，发现修水县的原生态青钱柳是一个巨大的宝藏。但是在研发过程中有两大难题挡在他们面前：种植难、产品推广难。经过四年的反复研究，团队找到三个技术创新点，最终攻克了两大难题。

第一，高效种子繁殖技术。由于青钱柳种子具有深度休眠的特性，种子萌发率低且生长周期长。使用该技术后，种子萌发率可以从12%提高到65%，生长周期从5年缩短为3年。

第二，跨时代的标杆技术。团队独立研发出中国第一台近红外光青钱柳检测仪，运用该仪器，一级叶片的收集率提高100%，三级叶片下降50%，净收益提高57.6%。

第三，深加工技术。团队历经两百余次实验失败，最终开发出独家配方的饮料产品，该产品具有降三高的功效。

青柳公益团队利用新技术对修水县的乡亲实行"给他苗，教他种，助他检，帮他产"的帮扶，实现了修水县青钱柳产业的美丽"蝶变"。同时，在省扶贫办的指导下，团队借助国家扶贫信息系统，精准定位贫困户，更有针对性地开展扶贫工作。经过他们的不懈努力，该地的贫困人口下降832人，人均年收入从2016年的4200元增加到2019年的12420元，预计2020年底修水县将全部脱贫，人均年收入可达15000元。

青钱柳叶

青钱柳，别名摇钱树、麻柳、山麻柳、山化树、青钱李。青钱柳是冰川四纪幸存下来的珍稀树种，仅存于中国。

青钱柳被誉为植物界的"大熊猫"。青钱柳茶富含丰富的皂苷、黄酮、多糖等有机营养成分，能够有效平衡人体糖代谢，从而达到降血糖、逆转并发症的养生效果。青钱柳复合茶含有大量无机营养成分和微量元素，与糖代谢和胰岛素作用密切相关的元素Ni、Cr、V、Se的含量较高，能够协助胰岛素发挥降血糖作用，并能改善糖耐量。中医临床用于治疗糖尿病，因其有药理作用能明显降低血糖和血脂。

创新小白实操手册

7.1 最简可行产品设计

美国有两个年轻人叫布莱恩·切斯基（Brian Chesky）和乔·盖比亚（Joe Gebbia），他们住在旧金山的一个阁楼公寓里，因为没有稳定的收入，一直囊中羞涩，连付房租都有困难。于是他们决心要创业顺便解决一下温饱问题。他们想到了一个两全其美的办法，就是把闲置房间拿去短租，当时来到城里参加设计会议的人特别多，周边的酒店每次都爆满了，看到了这个商机的他们便想验证一下这个想法是否可行。

当时他们自己没有任何正规的床位可供出租，只有3个充气床勉强凑合能出租。因此他们就把这个项目命名为"充气床+早餐"（Air Bed and Breakfast），他们上线的第一个网站域名就是 air bed and breakfast.com。这就是Airbnb名称的来源。在一个大会期间，他们共为3个人提供了"充气床+早餐"的服务，成功地完成了产品的第一次试运行。由于效果甚好，深受鼓舞的布莱恩和乔便开始了进一步大胆尝试，他们拍了几张精美的阁楼照片，创建了一个简单的网页，很快就吸引了一些付费的客人。随后，积累了第一桶金的他们便打出了Airbnb品牌，开始了他们创业的扩张之路。

启发案例

大众点评网：用最简可行产品来验证创意

大众点评的创始人张涛花了3天时间做出来的大众点评网第一个网页，因为其不太美观，张涛不敢将其示人。当时他没有跟饭馆签任何协议，而是将旅游手册里的一千多家饭店录入网站系统。他想验证一件事，网友在一家饭馆吃完饭，是否愿意进行点评？这个认知的获得是大众点评网商业模式最重要的起点。因此，他开始拿着这个最初最丑的网页去询问网友的建议和意见，这便是大众点评网早期的最简可行产品。

现在，大众点评网也选择了这种最简可行产品策略。例如，大众点评网想切入餐馆订位服务，但市场上已经有了很多解决方案，如电话预订等。在经过一番研究之后，他们想到一种声讯电话模式，用户在手机上提交预订请求，然后用技术把文本转为语音，之后通过声讯电话服务商把用户的要求发送给相应的餐馆，餐馆可以简单地通过按1或者2来选择是否接受预订，最后大众点评网把预订结果用短信通知用户。这个解决方案听起来很简单，但是开发这套系统至少需要3个月时间，而且他们也不确定用户是否愿意通过这种方式来预订餐位。最简可行产品概念再次帮了张涛的忙，他让两位客服人员在后台接收信息，致电餐馆，并回复用户，用人工替代声讯电话。经调研，这个功能在上海挺受用户欢迎，证明这个需求和解决方案是可行的，他们才投入大量资源来开发系统。

今夜酒店特价创始人的反省：如果上天再给我一次机会

2011年，任鑫开发了一款名为"今夜酒店特价"的APP，因为酒店在下午6点钟之后会有大量剩余空房造成闲置，所以他希望能把这些空房以超低折扣拿下来，再通过移动互联网APP低价销售给用户。然而在实际操作时，他才发现面临着非常多的问题。第一个难题是，在跟酒店谈的时候，不知道应该先跟少量的酒店谈，还是跟许多家酒店一起谈。因为谈的酒店多了，难以达到众多酒店期望的销量，但谈的酒店少了，用户的选择会少了。第二个难题是，用户应该在自己手机上支付，还是应该到酒店前台来付钱。因为酒店希望先付钱确定下来，但用户却担心先付钱有风险。结果一段时间下来，APP的经营状况非常惨淡。一开始他们觉得方向没错，应该是执行出了问题。直到半年后，他们终于清醒过来，其实是最初的假设都有问题，但大半年的时间已经浪费了。2013年，他们终于建立了自己的后台运营团队。但不到年底就支撑不住了，解散了公司的大部分人力。2014年，今夜酒店特价正式被京东集团收购。

当任鑫反思这一段创业经历的时候，得出一个结论：创业公司尽全公司之力做了一款产品，最后却没人使用，这才是真正的浪费。如果上天再给一次机会，今夜酒店特价会以更快、更便宜的方式去试错，动手前先想清楚关键假设是什么，然后去做小试验，验证这些关键假设，之后再快速执行和复制。今夜酒店特价一开始不应该着急投入大量人力物力开发APP，做个小网站或者微博公共账号也可以实现验证。与此同时，也没有必要一开始去谈酒店，可以用更"轻"的方式，把艺龙、同城、淘宝等线上房源数据签过来，集中在一个页面上，例如淘宝卖500元，今夜酒店特价可以卖300元，哪怕自己赔200元也可以，调查清楚用户是否愿意预订，用户是否习惯手机预付哪些酒店卖得好等，再去谈合作。通过上述方式，一两个月的时间就能掌握有效信息，而且成本很低。

知识介绍

什么是最简可行产品

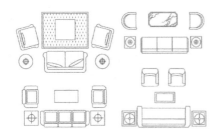

现在如果需要你布置一间新的工作室，你会怎么做？是直接上网买家具放进去，还是先画一个平面图（即使你没有学过画图），尝试几种不同的家具布置方案？

是的，你在不知不觉中已经运用了最简可行产品的方式，它是你想法的可视化模型，你可以拿着它询问别人的意见，也能很方便进行改进。

最简可行产品（Minimum Viable Product）是指在成本最低的情况下尽可能展现产品核心概念的策略，即以最快捷、最简明的方式建立一个具有可视化、可用的产品原型，这个产品原型要表达出产品最终的效果，然后通过不断迭代来完善细节。最简可行产品是一种策略和一个从制造、产品销售到终端市场的流程微缩，目的是尽可能减少失败的成本和缩短花费在产品迭代上的总时间。

最低开发成本

能体现你的创意

能测试与演示功能

只关注核心功能

新的创意　**设计制作粗糙的 MVP**　**用户测试和意见分析**　**产品改进或迭代**　**重复过程**

最简可行产品的生命周期图

知识介绍

为什么要做最简可行产品设计

最简可行产品设计是一种思维方式，建立这种思维方式能让你拥抱未知，及早地测试想法，收集反馈并融入设计，使你长期受益。在创业的初期，我们通常甚至不知道谁是精准的用户？他们的真正需求到底是什么？仅凭假设就投入巨大人力物力去开发产品，结果市场和用户并不买账，这样的创业成本和风险太大，往往容易失败。

与传统的产品开发不同，最简可行产品不需要耗费很长的筹划时间和反复推敲，也不需要把产品做到完美。它是把产品从实验室转移到生产线的一个过程，与传统产品开发相反，最简可行产品的目的是学习认知流程的开启，而不是这个流程的终端。最简可行产品是以验证基本商业假设为目标，而不是用来回答或解决产品设计或技术方面的问题。

通用汽车是世界上最早涉足可替代能源汽车领域的汽车公司，前期对能源汽车的研发进行了很大的投入，但却迟迟没有把产品成果推向市场。创新技术的兴起不能被市场所检验，就得不到实现和推广。最后丰田抢占先机，成为在新能源汽车方向第一个"吃螃蟹"的人，受到了广泛关注。所以，好的创意只有可视化了、形象化了，才是从天马行空的虚无向现实迈出的第一步，不面向市场去测试用户反应永远无法了解用户的需求，自然就不能抓住用户的真痛点，赢得他们的青睐。

创新小白实操手册

（Minimum Viable Product）　　　　（Product）

最简可行产品　　　　　　　　　　产品

假设你现在在创业，你的产品目标是——有史以来最好的甜甜圈！

你要凑很多钱做出所有口味的甜甜圈，开一个最漂亮的商店，然后看实际售卖的效果么？

不，你还可以这样做：先开发出一种最普通的甜甜圈——这就是你们的第一个最简可行产品。能吃，但可能还不是有史以来最好的甜甜圈。这时候，你的团队就要抓紧时间，问用户一些问题。例如：你们觉得这款甜甜圈哪儿最好？如果你可以选择加配料，你会加哪些？你喜欢什么甜甜圈造型？切开的还是一体的？金黄炸透的还是脆嫩相间的？……

根据用户的反馈，你的团队可能会总结出了不少经验：有的用户可能更喜欢加一些七彩糖珠；有的用户可能更喜欢巧克力甜甜圈；有的用户可能更喜欢草莓甜甜圈。再根据上述结论对产品进行改进。

分析工具   如何设计最简可行产品

最简可行性产品的表现形式是多样的，既可以是有形的物理形态，也可以是无形的一种商业模式或服务，甚至视频、PPT、网络连接、直播等新媒体都可以成为最简可行性产品的展示方式。但是这种无形的创意必须依托一定的物质媒介将其转化成可感知、可视的表现形式，不能只是想象或者口述。

各行各业都创造了自己最简可行产品的设计方法，建筑设计领域的最简可行产品可以是沙盘模型等，工业设计领域的最简可行产品可以是缩略模型等，软件和应用程序开发领域的最简可行产品可以是手绘线框图等，服务业领域的最简可行产品可以是A/B版本测试等，文创营销领域的最简可行产品可以是众筹预售等。

因此，最简可行产品如何设计本质上就是，精准地瞄准测试目的，找到合适的载体，让用户精简地进行体验。

最简可行产品的形态	具体描述
手稿图	采用绘画的方式把产品形态、功能展现出来
实体模型	用各种简单的资源做一个实体的产品微缩模型
软件工具展示	利用用户端交互原型设计软件等方式对产品进行展示
产品概念演示视频	用视频展示产品预期想达到的功能
投放广告	通过传统广告或新媒体的方式测试用户的态度
预售筹款	利用众筹网站发起产品预售，判断市场体量并获得早期用户支持
模拟体验	在产品正式问世前，在后台用人工进行模拟，让用户感受真实的服务流程
现有资源的拼凑	将市场上现有的工具和服务组合起来变成一个可运行的演示 demo
情景故事展现	通过营造故事情景，模拟用户使用经验，挖掘用户使用情绪、感受和反应
网页测试	开发登录页面，测试用户的关注度和兴趣点
A/B 版本测试	开发两版产品并推送用户，了解用户对不同版本的反应
……	最简可行产品的形态不限，也可以是两种以上的结合。 例如，将产品演示视频与预售筹款结合起来，将投放广告与 A/B 版本测试结合起来

第7章
最简可行产品及低成本试错

应用练习

为在线教育项目设计最简可行产品

假设，我们要把创新创业课程通过在线教育的方式推向外面的市场，你如何来设计最简可行产品。请选择两种最适合的最简可行产品形态组合，把你的想法写在下面的表格里。

	你选择的最简可行产品形态	选择这种最简可行产品形态的理由	具体设计描述
创新创业在线教育项目			

启发案例

7.2 用可视化方式呈现你的概念

"闪送"一周上线 年增长300%

闪送"成立于2014年，是一家提供专人直送，限时送达的即送服务公司，公司从2014年3月18日第一次立项会到服务上线，只用了一周的时间。

1. 搭建可视化原型

上线之前，"闪送"搭建了一个早期原型，把北京五环内的区域分成了9个25km×26km的矩形格子。每一个格子长宽都低于9km，这就意味着在"闪送"刚刚开始创业的时候，只要保证在每一个格子里面有一名闪送员可以进行服务。

2. 成功上线

第一周上线的时候，公司只做了一个面向用户的下单页面（PC端），没有APP，也没有做微信公众号。

在用户下单之后，"闪送"再把订单信息通过短信的形式，分发给早期的闪送员，然后闪送员打电话到闪送平台，先到先得，这样一种方式虽然粗糙、简易，但是"闪送"第一天上线之后就开始有订单。

3. 用户回访

完成订单之后"闪送"对用户进行了回访。例如，有一个用户需要给他的用户发送一个样品，如果这个样品当天不能及时送到用户手中，那么用户可能就不会跟他签合同。当"闪送"对他进行回访的时候，用户的感激之情溢于言表。

"闪送"的创始人薛鹏表示，这个时候，他们意识到原来闪送的服务是能够帮助用户解决他们的燃眉之急。"闪送"就这样开始真正落地了。

4. 产品迭代

在蓬勃发展的同时，"闪送"会通过客服、微信、微博、APP等多种渠道收集用户反馈，同时用看板工具对用户的问题进行分级，找出问题的根源，从根本上解决用户的问题，在算法和产品层面进行了大量迭代和改进。

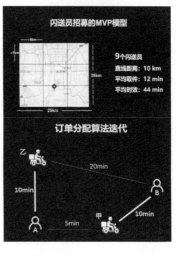

知识介绍

可视化原型 —— 不停地"假造"，直到可以实现生产

小零件拼凑出来的科技：广东某科技科普展上中小学科技爱好者制作的
无人车（左一）、智能家居（中）和智能灯（右一）的原型

可视化原型是设计过程中非常重要的一个环节，到底什么是可视化原型呢？简单来说，就是一个最终产品的模型或样板。原型的表现形式非常多，可以是草绘图、纸板模型，也可以是用户界面。可视化原型的目的是为了在生产最终产品之前对产品或产品概念进行用户测试。产品发布之前，可视化原型能够很好地向用户展示产品的功能，从而发现问题，做进一步的改良。本文将重点探索实物形态与软件交互界面形态的可视化原型。

创新小白实操手册

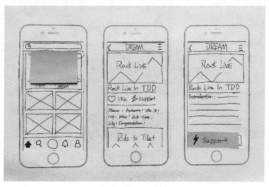

手绘线框图原型

低保真交互界面原型

尽量省钱

不用美化　　无须雕琢

不管细节

"绿野仙踪法"—— 用情景演练让用户能想象得到如何使用产品

"绿野仙踪法"由用户界面专家Jeff Kelley提出，他的灵感源于电影《绿野仙踪》，电影中的魔法师利用了多萝西，让她在虚假的环境中体验，但体验过程中的感觉却是真实的。梦境设计师与魔法师在幕后"操纵"着这一切，在体验环境的对象的角度看来，一切都是真的。

"绿野仙踪法"要求产品研发人员先制作一个完整产品的基本模型，也就是产品原型。可以用日常生活中的小物件代替产品的某些部件，或者也可以做一个工作模型，实现完整产品的一些功能，然后请开发人员进行情景演练，测试最终用户与产品的交互情况。

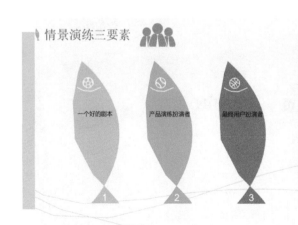

"绿野仙踪法"在实施过程中要先确定情景演练的演员，准备一个剧本。一个演员扮演最终用户，一个或多个演员扮演"巫师"，模拟完整产品的使用。需要注意的是，扮演最终用户的演员最好并不知道产品的功能，以便更真实地得到测试用户的反馈。

第7章 最简可行产品及低成本试错

分析工具

手绘线框图原型

线框图（Wireframe）只是一个可视化模型，通常用于产品早期的概念阶段。团队对于产品的功能及业务应用场景方面都处于一个规划阶段，没有明确成熟的产品方案，团队成员在进行头脑风暴时，需要一个能够快速呈现产品雏形的原型，且便于及时修改。这个阶段的原型大部分都是在白板或者在白纸上手绘完成，在讨论的过程中发现问题并及时修改。草图原型只需能够表达出基本的界面功能及内容布局，利用基本的几何图形如方框、圆和一些线段表达产品雏形，使参与讨论的人明白大概意图即可。草图的优势在于设计成本低，能够随时进行修改。在项目早期有很多不确定因素的前提下，尽量使用草图进行讨论评审。

手绘线框图准备材料：白纸、便利贴、胶水、笔、手机框架图和橡皮。

依据用户使用流程，选择最重要和最具代表性的视图界面。团队讨论后把需要的界面内容全部罗列并写在便利贴上，通常包括：启动页、登录、导航、二级详情、个人中心等页面，然后将便利贴在白纸上排序。

在代表页面（便利贴）旁标注每页需要的视觉效果元素（可以用便利贴协助）。包括但不仅限于以下内容。

输入元素：按钮、文本框、下拉列表、选取框、列表框等；

导航元素：搜索栏、分页、滑块、图标等；

信息元素：进度条、状态提示、模式窗口等。

把这些视觉元素按优先级分级降序排序，并写在代表页的便利贴上。

设计视觉元素，并把它们整合规划，组合在一起，绘制线框图。线框图设计制作过程就是评估视觉元素之间优先级、平衡性和互动关系的过程，通常优先级最高的元素占据最醒目的位置。

把画好的原型图按顺序和逻辑关系粘贴到白纸上展示，各团队相互模拟用户体验并点评，为产品下一步迭代打基础，尽可能地使得用户与界面的交互简单高效。

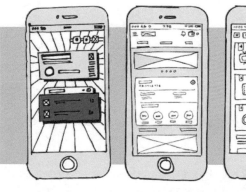
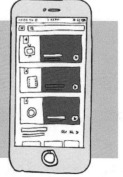

学生作业示范

注意：

（1）手绘之前先打草稿，如果要画APP的线框图，可以先下载一些手机界面手绘图的样板，打印出来，然后在样板上打草稿，用铅笔画出主要的板块。

（2）多打印几张，在线框图绘制的过程中，涂改是不可避免的。

（3）建议用浅色麦克笔打上底色，如果颜色不够可以补色。

（4）用黑笔描出轮廓线、写字，上重点色，最后画上外框。

（5）你也可以使用一些软件工具，例如Mockplus、 Axure等，自学教程，将手绘线框草图做成高保真交互界面原型。

第7章 最简可行产品及低成本试错

分析工具

纸板模型制作 —— 以纸板模型船为例

材料： 剪刀、胶水、线、胶带、砂纸、铅笔、大量的纸巾或报纸、油漆和画笔、布、硬纸板、钢丝、针、订书机

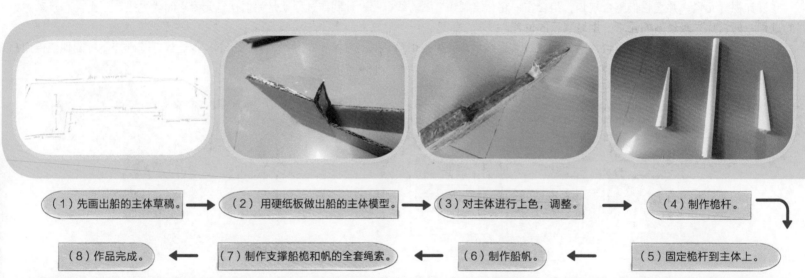

（1）先画出船的主体草稿。 → （2）用硬纸板做出船的主体模型。 → （3）对主体进行上色，调整。 → （4）制作桅杆。

（8）作品完成。 ← （7）制作支撑船桅和帆的全套绳索。 ← （6）制作船帆。 ← （5）固定桅杆到主体上。

应用练习

呈现你项目的可视化原型

必做练习

（1）以组为单位，根据你所在的小组在本节课中受到的启发，为你们打算开发的产品制作实物可视化原型。

（2）或者以组为单位，使用一种原型软件，如Axure、墨刀、Mockplus或PowerPoint等，为你们打算开发的产品或服务制作交互性APP。

（3）各个小组在完成可视化原型的制作后，用情景演练的方式，把用户如何体验产品和服务展示出来。记住，尽量清楚展示用户体验产品的功能或服务的流程，并对原型未能展现的功能加以描述。

注意事项：

（1）APP线框图主要包括以下几部分：启动页；注册/登录页面；导航页；个人中心页；二级详情页等；

（2）纸板模型的制作：有机械功能的，不能只做外观，要把主要运行结构基本展示出来，例如简单电路、无线电感应等；

（3）如果你的项目既有硬件，又要做APP，请做出线框图和纸板模型。

需要避免的：

（1）情景演练不是电视购物广告；

（2）情景演练不是直播"带货"；

（3）情景演练不是演话剧，更不是演闹剧。

第7章 最简可行产品及低成本试错

7.3 低成本试错与持续优化改进

小米路由器的开发：1元公测

小米路由器在开发时找发烧友进行了1元公测。2013年12月，小米进行第一轮1元公测。第一轮公测资格于2013年12月19日发布，从63万个预约用户中选取了500个喜欢DIY的发烧友。小米寄给这一批发烧友的是一个价值699元的路由器的工程样机，需要自己组装，要求定期反馈使用问题，然后他们根据问题及时改进。

一个月内，在各种现实场景下，发烧友们发现了一系列路由器的问题，后来小米又分别于2014年1月和3月进行了第二轮和第三轮的1元公测，经过三轮公测之后，产品经过改良推向市场，受到市场欢迎。

小米路由器的很多新玩法也是发烧友在公测时反馈的，如与游戏机PS2怎么结合，通过NFC功能实现触碰上网，无线备份等。

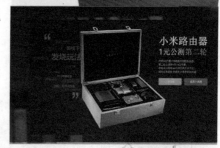

这个世界的美好，你亲自玩了才会懂

发烧级木箱

公测版纪念编号

亲自动手组装

知识介绍

用户测试的目的

用户测试是以用户为中心的一种低成本试错方法，通过观察和询问用户（被测试者），记录产品的使用体验情况，界定产品设计的可用性问题。用户测试大致方式及流程其实并不复杂，选择合适的用户作为测试对象，向他们提出一系列产品使用的目标，记录他们的行为及口头陈述反馈，或者只是简单介绍产品及项目，观察用户的反应和理解。

● 产品从-100到0时，市场潜力大和用户价值高的需求是首选

这个阶段是产品形态最为模糊、把握市场需求最为笼统的时候，这个时候产品雏形定位要够具针对性，选择人群规模大，发生频率高并且痛点很急需解决的需求，换言之就是"人多+常有+很刚需"。

● 产品从0到1时，"小而优"是目的

这个阶段由于资源有限，用户体验又很关键，比起上一个阶段的"做什么"来说，这个阶段要把握好"怎么做"（程度）和"做多少"的问题。如果这个阶段没有把握好，好的创意就成了一次性的噱头。所以，要考虑哪些是非常必要且容易实现的需求，舍弃暂时不那么必要或暂时无法实现的需求，同时还要考虑非常必要的需求应满足到何种程度，不能浪费资源。

● 产品从1到10时，根据市场反馈导向的产品迭代

这个阶段，最简可行产品已经经历了市场和用户的一轮"洗礼"，相对前两个阶段来说已经具有方向性了，这个时候要根据市场的反馈进行相应的产品修正和迭代。

最简可行产品所处的不同测试阶段，对应的产品的精细程度、满足的需求阶层也是不同的。要让最简可行产品足够简单，就要求能在不同阶段，从开始到迭代的过程中，能对需求进行选择。

精简流程——简单明了的操作流程

太过复杂的操作流程会让用户失去耐心，就无法达到测试的效果。

精准需求 ——明确做什么，做到哪种程度

用户需求足够精准才可使产品核心价值精准，"精准"是指能准确找到目标用户并专注于某个用户群体的某个需求，不能满足的果断舍弃。

分析工具

鼓励用户进行"出声思考"的技巧

出声思考（Think Aloud），也被译为发声思考，是指受试者（接受测试的人）在完成某项任务的过程中，随时随地讲出头脑里的各种信息，是心理学和认知科学研究中收集研究数据常用的方法之一。1982年，IBM公司的Clayton Lewis在《以任务为中心的界面设计》一书中将其引入到可用性领域，现在发展成为产品可用性测试中常见的一种方法。

使用"出声思考"方法，需要提供给被测用户待测的产品或界面原型，要求被测用户根据指定任务操作产品或界面，与此同时说出使用产品界面的想法、感受和意见，它能够对各种形式的产品原型进行快速有效的校验。

在用户测试阶段使用"出声思考"方法可以给我们带来很多价值。它可以看到用户与产品真实交互的过程，从而更好地理解用户的心智模型，可以了解到被测用户在产品中迷失或出错的地方，从而更准确地进行优化设计。例如，被测用户找不到完成测试任务的路径，可能是由于设定的路径不符合用户预期；被测用户误解一些设计元素从而产生误操作或者疑惑，这些设计元素可能需要重新被考虑。另外，通过用户一边浏览操作一边表述自己的实时感受，可以帮我们更真实、直接地了解为什么用户会产生这样的认知和行为。

但用户常常给我们一些并不需要的评论，例如，他们是否喜欢这个颜色，哪些功能他们认为别的用户会难以理解，以及他们会怎么重命名产品。他们会在某些事情上滔滔不绝：为什么讨厌紫色，为什么蓝绿色让产品看起来有教养等，他们将整个用户测试当作了一场意见收集会议，但他们没有在进行真正的"出声思考"。因此我们在引导被测用户时要有技巧。

创新小白实操手册

这里有一个非常有创意的解决方案：在用户边上放一只塑料鸭子，告知用户鸭子的姓名，并说："你看，鸭子 Frank 有一点儿不聪明。他不知道怎么使用这个产品。"面对老用户，你可以说："希望你能够帮我教导鸭子 Frank 如何使用这个产品"；而面对新用户，你可以说："希望你能和鸭子 Frank 一起探索这个产品怎么使用 / 这个任务怎么完成"。

让用户成为老师

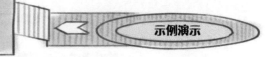

我们可以在测试前给用户看一段视频，视频中演示出一段理想的"出声思考"是怎么样的。让不熟悉"出声思考"的人们有一个明显的模仿及参考标准。演示视频不要超过 1 分钟，不要与要测试的产品 / 任务重复。

示例演示

在用户进行任务前，强调需要他们思考的一系列问题，并尽可能地用语言表达出来。而在测试过程中，如果用户表现出沉默和停顿，直接询问："你现在在想什么？"如果这些都不起作用的话，在测试后与用户一起回顾他们的测试过程并询问当时他们是怎么思考这些问题的。

明确问题

分析工具 | 用户测试的步骤

1.物品准备。准备记录工具，设计打印测试表格。

测试前的 物品准备清单	笔
	白纸
	录音笔／手机／录像机
	手机支架
	语音转文字手机软件（逐字稿）
	便签条

2.用户招募。我们模拟招募5个天使用户。

测试对象的基本信息			
	年 龄	性 别	职 业
对象 1			
对象 2			
对象 3			
对象 4			
对象 5			

3.面对面对话。展示产品原型，让用户亲自试用原型，引导用户将心中的直接感受分享出来。使用原型引导用户理解项目，并提出探讨性的问题帮助用户理解他们看到的是什么。好的测试指南读起来应该更像剧情脚本的描述文案。

感知到的好处	"今天看到的哪项功能会令你使用这款产品？" "哪项功能你想要却在原型中没有看到？"
积极／消极的态度	"你多喜欢这个功能概念？从 1 到 5 的分值打分。"
关于意识	"体验后令你印象最深刻的是什么？
关于比较优势	如果向用户展示了两个以上的版本原型，询问"哪种版本最好？"
关于情绪反应	列出高兴、沮丧、生气、兴奋、无聊等情绪表情插画，让用户选择体验原型后触发的情绪。
关于使用意向	"如果这款原型被最终开发成产品，你有多想要使用它？从 1 到 5 的分值打分。"
其他反馈	"你感到有任何可以改进的设计，请随意修正并注释出来。"

分析工具

用户测试的步骤

4.整理分析。将所有用户的数据整理到下面这个"测试指南针"表格中。"测试指南针"有四个维度：东（E）— 代表用户感到兴奋 (Excited)、西（W）— 代表用户的担忧（Worrisome）、南（S）— 代表用户提出的前进性意见（Suggestion for Moving Forward）、北（N）— 代表用户需要进一步了解（Need to Know）

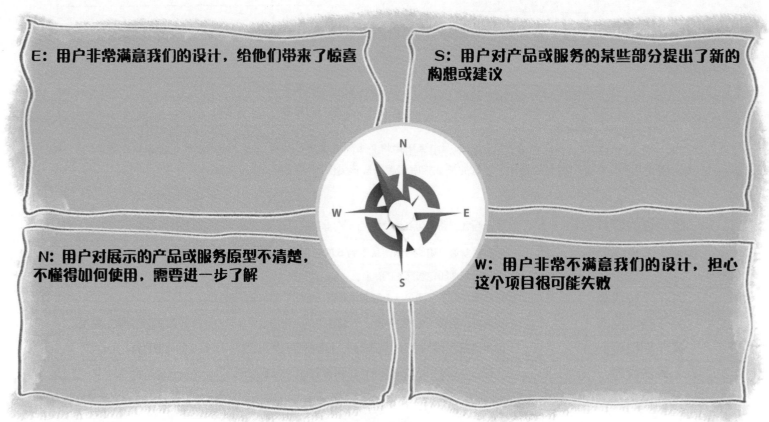

E：用户非常满意我们的设计，给他们带来了惊喜

S：用户对产品或服务的某些部分提出了新的构想或建议

N：用户对展示的产品或服务原型不清楚，不懂得如何使用，需要进一步了解

W：用户非常不满意我们的设计，担心这个项目很可能失败

创新小白实操手册

知识介绍

测试工具 —— KANO 模型

基于行为科学家赫兹伯格的双因素理论的启发，东京理工大学教授狩野纪昭(Noriaki Kano)和他的同事设计出了KANO模型，有效解决了在当时普遍令人头痛的难题——如何提升产品和企业服务。KANO模型对用户需求分类，并进行优先排序，分析用户需求对用户满意的影响，展现了产品性能与用户满意之间的非线性关系。KANO模型将影响用户满意度的因素归类成了五个类型，分别是"基本型需求""期望型需求""魅力型需求（兴奋型需求）""无差异需求""反向型需求"。

基本型需求　　能用吗？

基本型需求也被称为理所当然需求或必备型需求，是企业用来满足用户在产品或服务上的基本要求，是用户认为产品或服务必须具备的属性或功能。当这种需求满足不充分时，用户会非常不满意，产品形象一落千丈；而当其被满足时，用户只会觉得理所当然，当这种需求的满足度远远超出用户期望时，用户充其量只是达到满足的程度，不会表现出更多的好感。因此对于这类需求，需要对用户需求进行调查和甄别，通过合适的方法在产品中体现这些要求，做到不失分。

例如，炎炎夏日，用户开启了空调，如果空调正常运行，用户不会因为空调质量过硬而感到满意；相反，一旦空调不制冷，那么用户可能会"原地爆炸"，对该品牌空调的满意度明显下降，进行投诉，随之波及整个品牌的好感度。

期望型需求　　好用吗？

期望型需求也被称为意愿型需求。这类需求得到满足能显著增加用户的满意度，需求的满足程度与用户的满意状况成正比，换言之，企业提供的产品和服务水平超出用户期望越多，用户的满意状况越好，反之亦然。期望型需求并不是"必需"的产品属性或服务行为，虽然提供的产品或服务也要比较优秀，但是并没有基本型需求的要求那么苛刻，有些甚至是连用户自己都不太清楚，但又希望被满足的需求，这种需求是基于用户痒点的。期望型需求是处于成长期的需求，是体现竞争能力的需求，用户、竞争对手和企业自身都较为关注。对于这类需求的做法是注重提高这方面的质量，力争超过竞争对手。

例如，售后服务在我国的现状始终不尽人意，这项服务也可以被视为是期望型需求。如果企业对质量投诉处理得越圆满，那么顾客就越满意，反之如果企业对质量投诉置之不理，那么用户就会有越多的抱怨。

魅力型需求　　有超出期望吗？

魅力型需求又称为兴奋型需求，指不会被用户过分期望的需求。随着满足用户期望的程度增加，用户的满意度会急剧升高。反之，即使在期望不满足时，用户也不会因而表现出明显的不满意。当用户没有表达出明确的需求时，企业提供给用户一些完全出人意料的产品属性或服务行为，使用户产生惊喜，用户就会非常满意，从而提高忠诚度。魅力型需求往往代表了用户的潜在需求，企业的做法就是寻找并发掘这样的需求，在市场上占领先机。

例如，一些品牌的企业会定时进行产品的质量跟踪和回访，更新最新的产品信息和促销优惠，使用户感到出乎意料的惊喜。而另一些企业未提供这些服务，顾客也不会觉得非常不满。盒马鲜生作为生鲜实体"超市"近期推出APP、微信下单服务和线下40分钟内送货上门服务，让消费者们大为惊喜，而其他大型超市即使依然采用线下销售的方式，也并没有让消费者感到不满意。

无差异型需求　　根本不在意！

无差异型需求是指不论企业产品或服务是否满足这方面的需求，对用户体验都无影响。

例如，某些航空公司为乘客提供的没有太多实用价值的小赠品。

反向型需求　　快点撤掉吧！

反向型需求又叫逆向型需求，指会诱发强烈不满和导致低水平满意的质量特性，提供的程度与用户满意程度成反比。正所谓众口难调，并非所有的用户都有相似的喜好，许多消费者根本都没有此需求，提供后用户满意度反而会下降。

例如，一些用户喜欢高科技产品隐藏的功能，但另一些用户厌恶操作难度大的额外功能。

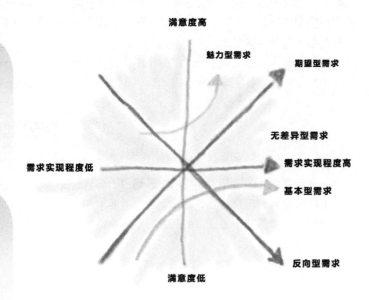

创新小白实操手册

分析工具

用KANO 模型判断用户是否在意你的设计

XX 功能创意

如果具备这个功能，你觉得如何？（正向问题）				
1. 喜欢	2. 应该	3. 无所谓	4. 能忍受	5. 不喜欢

第一步，找到10个受访用户，选择一个功能对用户进行提问，分为具备这个功能与不具备这个功能两种情境，用户按五级评分量表说出自己的感受，5选1。

如果没有这个功能，你觉得如何？（负向问题）				
1. 喜欢	2. 应该	3. 无所谓	4. 能忍受	5. 不喜欢

不提供该功能

提供该功能	喜欢	理所当然	无所谓	可以忍受	不喜欢
喜欢	可疑结果	魅力型需求	魅力型需求	魅力型需求	期望型需求
理所当然	反向型需求	无差异型需求	无差异型需求	无差异型需求	基本型需求
无所谓	反向型需求	无差异型需求	无差异型需求	无差异型需求	基本型需求
可以忍受	反向型需求	无差异型需求	无差异型需求	无差异型需求	基本型需求
不喜欢	反向型需求	反向型需求	反向型需求	反向型需求	可疑结果

第二步，填好受访者的回答，在评价结果分类对照表中，根据用户回答的正向问题与负向问题的交叉点，找到该英文代号。

魅力型需求(A)：有，非常满意；没有，不会失望；

期望型需求(O)：有，开心；没有，不开心；

基本型需求(M)：有，没感觉；没有，不开心；

无差异型需求(I)：有，没感觉；没有，没感觉；

反向型需求(R)：有，不开心；没有，没感觉；

可疑结果(Q)：没有确定的满意程度，其他不明确的因素。

第 7 章 最简可行产品及低成本试错

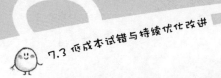
评价结果	A	O	M	I	R	分析结果
百分比	%	%	%	%	%	

第三步，整理评价结果，统计英文代号数量，换算成百分比。占比最多的结果，就是该功能的测试结果。假如M占比最多，那么该功能属于基本型需求。

第四步，采用计算Better — Worse系数来量化评估需求优先级别。

Better — Worse系数的计算是用来显示增加某项因素属性对增加满意或消除不满意的影响程度。Better的数值通常为正，表示如果产品增加某功能或服务时用户的满意度会提高。正值越大代表用户满意度提高的效果会越好，满意上升得越快；Worse的数值通常为负，表示如果产品不提供某功能或服务，用户的满意度会降低。负值越大代表用户满意度降低的效果越强，满意度下降得越快。因此，根据Better — Worse系数，对系数分值较高的项目应当优先实施。

计算公式如下：

满意影响力SI=（A+O）/(A+O+M+I)

不满意影响力DSI=−1×(O+M)/(A+O+M+I)

根据计算出的Better-Worse系数值，将散点图划分为四个象限：

第一象限表示:Better系数值高，Worse系数绝对值也很高的情况。落入这一象限的因素，称之为是期望因素(一维因素)，即表示产品提供此功能，用户满意度会提升，当不提供此功能，用户满意度就会降低。

第二象限表示:Better系数值高，Worse系数绝对值低的情况。落入这一象限的因素，称之为是魅力因素，即表示产品不提供此功能，用户满意度不会降低，但当提供此功能，用户满意度会有很大提升。

创新小白实操手册

第三象限表示:Better系数值低，Worse系数绝对值也低的情况。落入这一象限的因素，称之为是无差异因素，即表示产品无论提供或不提供这些功能，用户满意度都不会有改变，这些功能点是用户并不在意的功能。

第四象限表示:Better系数值低，Worse系数绝对值高的情况。落入这一象限的因素，称之为是基本因素，即表示当产品提供此功能，用户满意度不会提升，当不提供此功能，用户满意度会大幅降低;说明落入此象限的功能是最基本的功能。

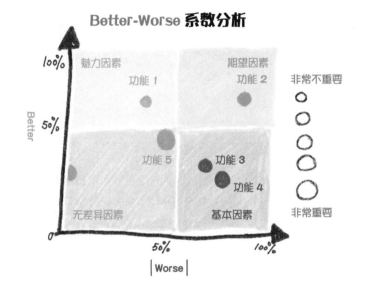

我们要首先全力以赴去满足用户最基本的需求，即第四象限表示的基本属性，这些需求是用户认为产品有义务满足的需求。在最基本的需求实现后，我们要去尽力满足用户的期望型需求，即第一象限表示的期望因素，这是质量的竞争性因素。提供用户喜爱的额外服务或产品功能，使产品和服务区别并优于竞争对手，增加用户对产品的好感度。最后是去争取实现用户的魅力型需求，即第二象限表示的魅力因素，提升用户的忠诚度。

应用练习

用KANO模型测试你的主打功能是否属于"自嗨"

必做练习

用KANO模型测试你的创意主打的功能，是用户真正所在意的，还是自己一厢情愿的"自嗨"。记住KANO模型进行测试的四个步骤，测试结束后宣布你得到的结果。

嗨起来

第8章 路演与呈现

8.1 撰写商业计划书

8.2 路演技巧

知识介绍

8.1 撰写商业计划书

商业计划书

商业计划书（Business Plan）：简称BP，是创业者准备的书面计划，通过自我评估，分析和描述创办一个企业或项目所需的各种因素，并按照一定的内容和样式编写，用于招商、融资或其他发展目标的展示和说明。它是企业或项目完整、深入、具体的行动指南，分为文本商业计划书和PPT商业计划书两种形式。

商业计划书的作用：系统梳理企业或项目的工具
向合作伙伴提供的介绍信
吸引投资人融资的敲门砖
凝聚团队和对外展示窗口

商业计划书编制原则

逻辑清晰　突出重点　文字简练　视觉美观

商业计划书九步框架

一．项目简介
二．行业痛点
三．解决方案
四．核心优势
五．商业模式
六．营销方案
七．团队介绍
八．发展规划
九．融资计划

创新小白实操手册

知识介绍

一份好的商业计划书应体现哪些方面
（面面俱到不现实，择优总结4~6点即可）

痛点是否清晰？产品是否真正解决了用户的痛点？是否在用户可以接受的价格之内？如果产品解决痛点的方式具有独特性且难以复制，那说明客户需求度高，具有市场空间且未来不会有太激烈的同质化竞争。

所选择的行业是否处于政策红利期？关注国家鼓励和扶持的产业方向，抓住专项资金政策红利，可在创业路上获得事半功倍的效果。

未来计划是否体现了前瞻性的布局？创业拼的是未来，市场瞬息万变，如果不能做前瞻性布局，便有可能处于落后和被动的局面。一份好的计划书，应该做好前瞻性规划，在危机到来之前提前做好准备。

时机，指的是市场机遇。是否处于最佳切入点？如果已经过了窗口期，布局已经来不及，投资人会谨慎进入。如果还未到爆发期，投资人也会思考是否进入时期太早。

知识、经验、人脉、资本都是创业不可或缺的资源。创业团队是否拥有独占性或稀缺资源？好的资源积累可以让创业路走得更顺畅。

具有独占性的技术带来的先发优势主要有两方面。

第一是技术壁垒，竞争对手研发同类技术、绕过保护的专利需要时间和更多成本。

第二是用户心智壁垒。当一个产品发布以后，如果竞争对手还没来得及在180天以内反应，先行者就能很快建立起自己的口碑和用户基础，从而大大增加竞争对手的赶超压力。

投资人可以根据项目创始人的经历判断其是否了解项目所在的行业，还可根据创始人是否有过创业经历判断其是否有抗挫折能力，还可以根据创业团队的构成判断团队是否便于管理。

业务模式是否符合逻辑，有盈利的可能？且随着业务的发展，是否可以体现更大的盈利空间与可复制性？

中心图：投资人的视角 — 产品、政策、时机、技术、模式、团队、资源、布局

应用练习

撰写一个项目计划书

Step1. 项目的总介绍

尽可能用一句话说清楚，我是什么人？在做什么事？想解决什么问题？有什么亮点？

写一写你的项目，用一句话介绍

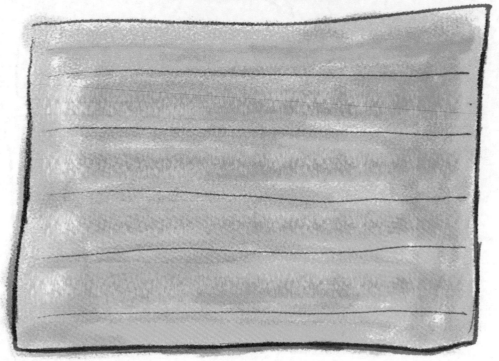

试试回答以下问题

（1）我们是谁＿＿＿＿＿＿＿＿＿＿。

（2）我们项目在为＿＿＿＿＿＿＿的人群解决问题。他们会购买我们的产品/服务。

（3）我们在做什么＿＿＿＿＿＿＿＿。

（4）我们的核心产品/服务是＿＿＿＿＿＿。

（5）我们首创了＿＿＿＿＿＿＿＿。

（6）我们的市场估算有＿＿＿＿＿＿＿。

（7）我们是为＿＿＿＿＿服务，这个工作处于＿＿＿＿＿领域的＿＿＿＿环节。

创新小白实操手册

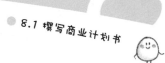

应用练习 ｜ 撰写一个项目计划书

Step2. 行业背景和现状，引出痛点（痛点与市场规模）

（1）项目相关的行业背景。

（2）发现了一个什么样的痛点，规模如何？

- 我们在什么人群中找到了这个痛点？（细分客户、目标市场）
- 痛点带来的损失。（可以感性描述痛点带来的感受，辅以案例）
- 有多少人有这个痛点？（宏观损失计算，最好用数据描述）

写一写你的项目的痛点与市场规模

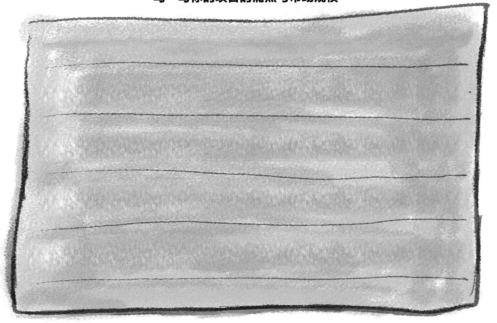

试试回答以下问题

（1）由于＿＿＿＿＿＿等不必要的中间商在赚差价，所以导致我们成本高昂。

（2）现有的解决方案，只考虑了＿＿＿＿的人群的需求，没有考虑＿＿＿＿＿＿人群的需求。

（3）现有的解决方案，在＿＿＿＿＿＿环节做得还不够好。受到影响的人群有＿＿＿＿。

（4）每次用＿＿＿＿，我都觉得＿＿＿＿不爽。

（5）对于＿＿＿＿类型的服务，服务风格都是偏老化的，未能满足新新人类（90后，00后）的需求。

（6）由于当前＿＿＿＿＿＿环节的低效，总体给整个生产活动带来了＿＿＿＿＿＿＿＿的影响，这种影响降低了生产效率/提高了生产成本，带来了高达＿＿＿＿＿＿的损失。

（7）新技术出现后，我们需要用更有效率的方法来替代目前＿＿＿＿＿＿的环节。

第8章 路演与呈现

应用练习

撰写一个项目计划书

Step3. 我们有一个很棒的解决方案（解决方案）

（1）用一两句话讲清楚准备做什么事。

（2）解决方案或者产品是什么，提供了怎样的功能？

（要专注聚焦，不追求大而全）

写一写你的项目的解决方案

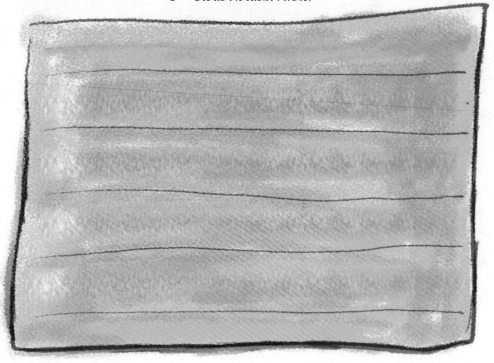

试试回答以下问题

（1）我们解决了＿＿＿＿＿＿问题，满足了＿＿＿＿＿＿未被充分解决的需求。

（2）别人因为＿＿＿＿＿＿没有看见商机，或因为＿＿＿＿＿＿无法提出满足需求方案。

（3）我提出的解决方案可以在＿＿＿＿＿＿范围内复制和＿＿＿＿＿＿范围内被接受。

（4）我基于＿＿＿＿＿＿的技术提出解决方案。

（5）和原来解决方案最大的不同是＿＿＿＿＿＿。

（6）我解决了被替代品的＿＿＿＿＿＿缺点。

（7）能不能列出具体的设计图、商业模式关系图，拿出最简可行产品或在测试的产品？

创新小白实操手册

应用练习

撰写一个项目计划书

Step4. 我们比别人厉害，"OMG，买他！"

（优势、竞品分析）

（1）说明产品或解决方案的优势或核心竞争力。

- 项目与众不同的地方是什么？
- 你的核心竞争力是什么？（即使别人看懂了也一时半会儿学不会）
- 你的技术有没有门槛？（有没有专利、软著等保护？）

（2）横向竞品对比分析。（选取关键维度做对比分析，要客观、真实）

写一写你的项目的核心竞争力

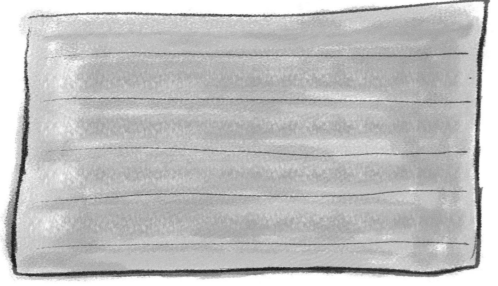

试试回答以下问题

（1）我们的产品/服务代表了_____，在_____最与众不同。

（2）因为_____优势资源让我们与竞争对手拉开距离。他们大约要花_____才能追上我们。

（3）我就这一解决方案申请了_____等____个技术/专利。

（4）我们最大的创新点是_____。

（5）我与竞品相比在_____等维度最具竞争力。

（6）我的解决方案与原来/竞品相比，成本降低了_____，效能/效率提升了_____，增加了_____等客户迫切需要的功能。

（7）我的商业模式里面_____等环节即使竞争对手看懂了也模仿不了，因为_____。

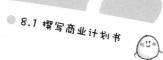

第8卷

路演与呈现

应用练习

撰写一个项目计划书

Step5. 我们很靠谱，我们能赚钱（商业模式）

未来打算如何实现盈利。（商业模式）

- 我们如何为客户创造效益的?
- 如果不是用户付费，那是谁在付费?（商业模式的设计）
- 通过对成本与销售收入的计算，多久才能开始赚钱呢?

写一写你的项目的商业模式

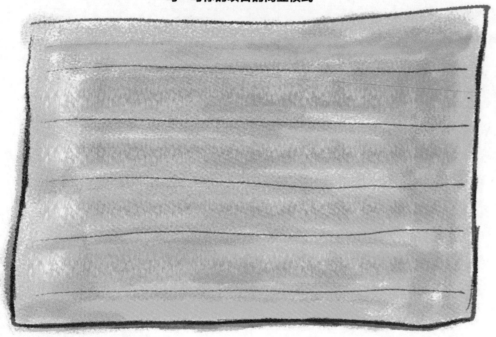

试试回答以下问题

（1）我们的产品/方案为客户创造了_____价值（或节约了成本、或减少了恐惧），因此顾客愿意为了_____付费。

（2）我们基于_____而定价，成本_____，利润_____。

（3）我因为_____而能够持续盈利。

（4）除了付费，我们还有_____、_____、_____等多个不同的营收渠道。

（5）我们大概在_____、_____、_____等方面会产生成本，大约是多少钱。随着规模扩大，这个成本会下降到_____。

（6）在_____时段内每单位营收_____。

（7）我们预计从_____开始赚钱。

创新小白实操手册

Step6. 我们是怎样让客户掏钱的？（营销方案）

（1）我们的客户是谁?

（2）我们打算如何向我们的客户营销?（营销、销售计划）

写一写你的项目的营销模式与可用于营销的资源

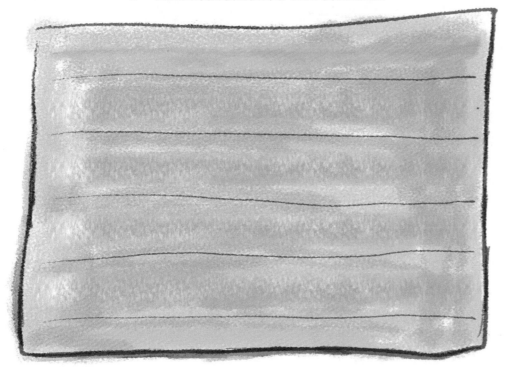

试试回答以下问题

（1）我们的目标客户群是_____,
最近的客户在_____。

（2）客户的消费习惯是_____（时间、
地点、方式），所以我们可以通过_____
的方式接触到他们。

（3）我们用_____的方式去营销最有效，成
本大约是_____。

（4）我们通过_____方式将产品打入市
场。

（5）我们最重要的销售/推广渠道是_____。

（6）我们会用到_____等特别的营销方法。

（7）我们的产品/方案预计有_____
市场占有率。

（8）我们可以通过给客户_____等好处，
让客户把产品转介绍给其他客户。

应用练习

撰写一个项目计划书

Step7. 我们团队很牛，我们能把这个项目做好（团队）

（1）团队的人员规模和组成。

（2）团队主要成员的分工、背景和特长，并说明个人能力与岗位的匹配度。

（3）团队的核心竞争优势。

写一写你的项目的团队情况

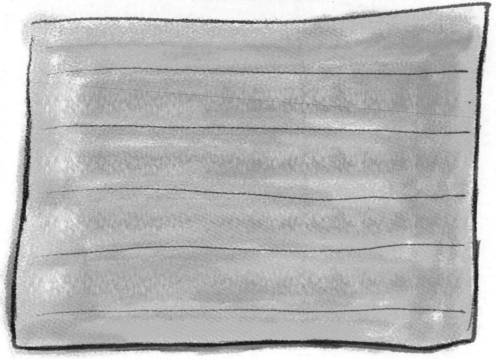

试试回答以下问题

（1）不是别人而是我们能把事办成的原因是
_____。

（2）我们的团队人员有_____人，
组成结构是_____。

（3）创始人的学习背景、特长与经历是
_____。

（4）每一个团队成员的学习背景与特长：
_____。

（5）团队分工计划：_____。

（6）团队核心竞争优势在于_____
_____。

（7）核心发起人有_____资源，核心技术人
与团队是_____关系。

（8）团队股权分配方式：_____。

创新小白实操手册

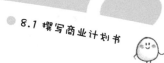

Step8. 截至目前我们的进展如何&我们的未来计划（规划）

（1）我们都做了哪些可以让投资人相信我们能成功的事情。（已发生的成功事件）

（2）我们的未来计划。（要让人相信我们按照计划有条不紊地向前推进工作）

写一写你的项目的未来规划

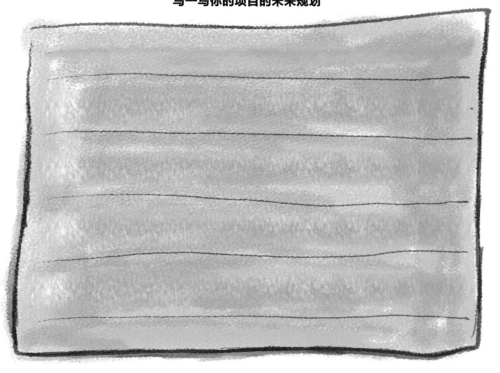

试试回答以下问题

（1）我们的项目启动于_____（时间）。

（2）截至目前我们已经取得_____等阶段性成果。我们的经营数据如下_____。

（3）产品/方案在_____迭代，系列化产品研发进度_____。

（4）目前阶段已经达成的关键指标（产品、研发、销售等）_____。

（5）我们基于_____制定未来规划。

（6）未来6个月经营业绩预测曲线图____，1年业绩预测_____，3年业绩预测_____。

（7）我们因为_____控制市场发展风险。

（8）未来三年我们计划要达到____的增长率，具体通过以下计划来实现（产量、团队规模、市场规模）：_____。

第8章
路演与呈现

应用练习

撰写一个项目计划书

Step9. 我们的项目能赚钱，投我！投我！投我！（融资）

（1）收入预估。

（2）融资计划。（及前期融资情况）

写一写你的项目的融资计划

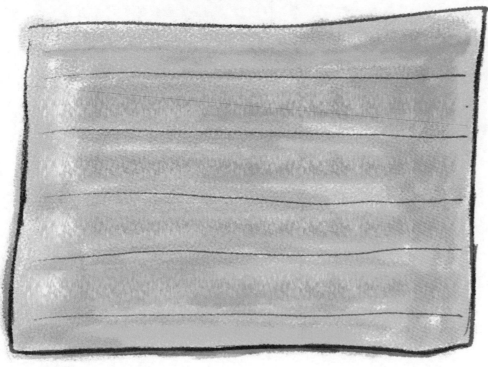

试试回答以下问题

（1）我们在_____阶段收入预估为_____。

（2）我们在经营预测的基础上未来1到2年的利润表为_____。

（3）我们前期已经获得_____融资资金，用于_____，成效为_____。

（4）我们计划融资_____（多少钱），主要用于_____、_____、_____等方面，做_____事情，这些钱可用到_____（时间）。

（5）我们计划融资_____（多少钱），出让_____%的股权。

（6）目前估值_____，基于_____的方法来计算。

（7）到下一轮融资之前，我们计划在_____（产量、销量或研发进度）等方面进展到_____程度。

创新小白实操手册

分析工具

8.2 路演技巧

路演

项目路演是商业计划书展示的关键环节，有公开路演、一对一路演等形式，在内容和视觉的呈现上要注意细节和技巧。

● 严格把握时间分配（需要提前进行多次练习）。

● 路演方案需要反复修改和打磨，做好充分的准备，而不是寄希望于现场即兴发挥。

● 衣着风格应与创业项目相匹配。

● 应吐字清楚、语句连贯、适当停顿；语速适中、比正常说话略快；音量较大，有重点变化；用语要清楚、有节奏、无毛病。

● 语言尽量简洁、精练、保持平稳的语速、少用"被过度使用"的词语，少夸大或用过于武断的判断。

细节

PPT 呈现

感情

表达逻辑

● 仪态自然，情感充沛。

● 注意目光交流。

● 用讲述的方式进行演讲，而不是念 PPT。演讲中增加互动，刺激投资者的兴奋点，带动投资者参与的积极性。

● 结构明确，风格统一。

● 逻辑清晰（见 8.1 撰写商业计划书）。

● 以简洁明了的图片、数据、图表为主，辅以简练的总结性话语。

● 根据路演时间决定 PPT 页数，一般为 15~20 页，最多不超过 30 页。

● 把握节奏，不平铺直叙，有详有略，重点突出。

● 用有效数据说明问题。

● 参考顺序：项目概述－市场痛点－解决方案－用户分析－核心团队－市场空间－推广方式－商业模式－竞争优势－财务预测－融资规划。进行演讲可以根据项目需求修改顺序。

● 不断凝练项目的特点，力争用一句话甚至几个字说清楚项目核心。

● 如果能在一开始设计一个事件、故事或悬念引起观众注意，可以加分。

第8章

路演与呈现

附 录

Appendix

拓展阅读

发现问题
Problem Discovery

创新方法
Innovating Method

创造条件
esource Accessing

验证执行
Testing&Executing

迈克尔·波特.国家竞争优势（上）[M].李明轩，邱如美，译.北京：中信出版社，2012.
迈克尔·波特.国家竞争优势（下）[M].李明轩，邱如美，译.北京：中信出版社，2012.
米哈里·希斯赞特米哈伊.创造力：心流与创新心理学 [M].黄珏苹，译.杭州：浙江人民出版社，2014.
彼得·德鲁克.创新与企业家精神 [M].蔡文燕，译.北京：机械工业出版社，2018.
日经 BP 社.黑科技：驱动世界的 100 项技术 [M].艾薇，译.北京：东方出版社，2018.
史蒂文·约翰逊.伟大创意的诞生 [M].盛杨燕，译.杭州：浙江人民出版社，2014.

李葆文.诚外无物匠韵绝伦，工匠革新 36 技 [M].北京：冶金工业出版社，2017.
周苏，张丽娜，陈敏玲.创新思维与 TRIZ 创新方法 [M].2 版.北京：清华大学出版社，2018.
克莱顿·克里斯坦森.创新者的窘境 [M].胡建桥，译.2 版.北京：中信出版社，2014.
郭金，隋欣.轻轻松松申请专利 [M].2 版.北京：化学工业出版社，2018.
亚历山大·奥斯特瓦德.商业模式新生代 [M].黄涛，郁婧，译.北京：机械工业出版社，2016.

阿什利·万斯.硅谷钢铁侠：埃隆·马斯克的冒险人生 [M].周恒星，译.北京：中信出版社，2016.
于强伟.股权架构解决之道：146 个实务要点深度解析 [M].北京：法律出版社，2019.
胡华成，马宏辉.合伙人：股权分配、激励、融资、转让 [M].2 版.北京：清华大学出版社，2020.
任康磊.小团队管理的 7 个方法全图解落地版 [M].北京：人民邮电出版社，2019.
陈劲，郑刚.创新管理赢得持续竞争优势 [M].3 版.北京：北京大学出版社，2016.

鲁百年，等.创新设计思维：创新落地实战工具和方法论 [M].2 版.北京：清华大学出版社，2018.
埃里克·莱斯.精益创业：新创企业的成长思维 [M].吴彤，译.北京：中信出版社，2012.
苏杰.人人都是产品经理写给产品新人 [M].北京：电子工业出版社，2017.
张进财.打动投资人：直击人心的商业计划书 [M].北京：清华大学出版社，2019.
郑刚，陈劲，蒋石梅.创新者的逆袭：商学院的十六堂案例课 [M].北京：北京大学出版社，2017.

[1] 珍妮特·K.史密斯，理查德·L.史密斯，理查德·T.布利斯.创业融资:战略、估值与交易结构[M].沈艺峰，覃家琦，肖珉，等译.北京：北京大学出版社，2017.

[2] 罗纳德·布朗.预见：创业型小团队的制胜之道[M].李晟，译.北京：北京大学出版社，2017.

[3] David Hunt，Long Nguyen，Matthew Rodgers.专利检索：工具与技巧[M].北京市知识产权局，编译.陈可南，主译.北京：知识产权出版社，2013.

[4] 马天旗，等.专利布局[M].北京：知识产权出版社，2016.

[5] 黄东东，等.知识产权基础[M].北京：中国人民大学出版社，2018.

[6] 李葆文.诚外无物匠韵绝伦，工匠革新36技[M].北京：冶金工业出版社，2017.

[7]埃里克·莱斯.精益创业：新创企业的成长思维[M].吴彤，译.北京：中信出版社，2012.

[8] 李利威.一本书看透股权架构[M].北京：机械工业出版社，2019.

[9] 王中强，陈工孟.创新思维与创业教育[M].北京：清华大学出版社，2017.

[10] 亚历山大·奥斯特瓦德.商业模式新生代[M].黄涛，郁婧，译.北京：机械工业出版社，2016.

[11] 史蒂文·约翰逊.伟大创意的诞生[M].盛杨燕，译.杭州：浙江人民出版社，2014.

[12] 鲁百年，等.创新设计思维：创新落地实战工具和方法论[M].2版.北京：清华大学出版社，2018.

[13] 吴隽，邓白君，王丽娜.从0到1一起学创业[M].天津：南开大学出版社，2019.

[14] 吴隽，刘衡，刘鹏，等.机会进化、效果推理与移动互联微创新——对手机APP新创企业的多案例研究[J].管理学报，2016，13(2):173-183.

[15] 张建琦，安雯雯，尤成德，等.基于多案例研究的拼凑理念、模式双元与替代式创新[J].管理学报，2015，12(5):647.